高校教育教学管理理论与实践研究

熊操 著

延吉·延边大学出版社

图书在版编目（CIP）数据

高校教育教学管理理论与实践研究 / 熊操著. -- 延吉：延边大学出版社，2024.3
　ISBN 978-7-230-06359-3

Ⅰ.①高… Ⅱ.①熊… Ⅲ.①高等学校－教学管理－研究 Ⅳ.①G647.3

中国国家版本馆 CIP 数据核字（2024）第 068589 号

高校教育教学管理理论与实践研究

著　　者：熊　操
责任编辑：李　利
封面设计：文合文化
出版发行：延边大学出版社
地　　址：吉林省延吉市公园路977号　　邮　编：133002
网　　址：http://www.ydcbs.com　　E-mail：ydcbs@ydcbs.com
电　　话：0433-2732435　　传　真：0433-2732434
印　　刷：长春市华远印务有限公司
开　　本：787毫米×1092毫米　1/16
印　　张：10.75
字　　数：235千字
版　　次：2024年3月第1版
印　　次：2024年5月第1次印刷
书　　号：ISBN 978-7-230-06359-3

定　　价：68.00 元

前　言

高校教育教学是高校教育实现教育目的、培养专门人才、体现社会价值等活动的方式之一，是高校教育最主要的组织活动。高校教育的其他活动都是围绕教学而展开，为教学而服务的。任何教学活动都是一个历时性的过程，是目标差异大、参与要素多、各种影响复杂的教育实践体系。这个教育实践体系的各个构成要素由多种形式组合而成，为实现各个目标而发挥作用，不同要素组合在不同环境下运行，使高校教育教学形式丰富多彩。

自20世纪90年代，我国高校教育建设和发展出现了"井喷"现象，高校办学规模逐年扩大，在校人数也逐年增加，在"建设世界一流大学"的目标号召下，我国高校教育的基础设施建设和学科建设步伐大大加快。我国高校教育追寻的"世界一流大学"的精神内涵需要着重指出，大学的内涵是"普遍、整体、世界"，大学精神气质主要表现为：首先，大学知识传播者应该包罗万象，全面而又专业；其次，大学知识获得者也应遍布全球各地，尊重接受学生个性；最后，大学的内部管理和科研教学必须能够与时俱进。

但像我国这样一个拥有几千所大学的国家，谋求国际高水平大学需要的不仅仅是政策性支持、教育资源投入和就业环境改善等外在条件，更重要的是我国高校教育进一步发展改革所选择的管理体制，如何更好地适应新时代和新环境的需要。目前，高校教师队伍的素质、研究水平、研究成果，决定了大学的高度与地位。如何在改革环境中梳理出政府与高校、社会与高校以及高校内部的种种关系，成为我国高校教育教学管理改革的出发点和立足点。因此，我国高校的发展，需要理顺师资管理制度、科研管理制度、后勤社会化管理制度、教务管理制度等高校管理体制，同时也迫切需要理顺大学与政府、政治与行政和学术、学生与教授，以及就业与毕业等多重关系。可见我国高校教育管理体制改革是我国政治体制改革的延续，只有建设和完善我国高校教育管理体制，我国高校教育才能在公正、民主、自由、法治的前提下获得健康持续的发展动力。

本书共七章：第一章是高校教育教学基础理论，介绍了高校教育教学构成及其特点、高校教育教学管理的内涵与价值、高校教育教学管理的规律与原则；第二章对高校教育教学管理的理念做了相对详尽的介绍；第三章是高校专业建设管理探索，介绍了高校专业建设管理的基本目标及路径；第四章是高校课程管理探索，本章分为高校课程管理的内涵、高校课程管理的路径探索、高校"课程思政"建设管理的路径探索三个部分；第五章是高校实践教学管理探索，介绍了高校实践教学的内涵和实践教学管理路径；第六章是高校教学质量管理探索，介绍了教学质量管理的基本理论、高校教学质量管理体系的构建及创新措施；第七章是大数据时代高校教育教学管理探索，介绍了高校大数据教育教学管理的特点及路径。

  本书在撰写过程中，参考、借鉴了大量著作与部分学者的理论研究成果，在此一一表示感谢。由于作者精力有限，加之行文仓促，书中难免存在疏漏与不足之处，望各位专家学者与广大读者批评指正，以使本书更加完善。

目 录

第一章 高校教育教学管理基础理论 ·································· 1

    第一节 高校教育教学构成及其特点 ································ 1
    第二节 高校教育教学管理的内涵与价值 ···························· 4
    第三节 高校教育教学管理的规律与原则 ··························· 16

第二章 高校教育教学管理的理念 ······································ 28

    第一节 坚持创新理念 ··· 28
    第二节 把握职能定位 ··· 32
    第三节 构建权力结构 ··· 36
    第四节 健全机构设置 ··· 39
    第五节 保障运行机制 ··· 41

第三章 高校专业建设管理探索 ·· 47

    第一节 高校专业建设的基本目标 ································· 47
    第二节 高校专业建设管理的路径探索 ····························· 50

第四章 高校课程管理探索 ·· 66

    第一节 高校课程管理的内涵 ····································· 66
    第二节 高校课程管理的路径探索 ································· 71
    第三节 高校"课程思政"建设管理的路径探索 ····················· 87

第五章　高校实践教学管理探索 ··· 107

第一节　高校实践教学的内涵 ··· 107
第二节　高校实践教学管理的路径探索 ····································· 110

第六章　高校教学质量管理探索 ··· 129

第一节　教学质量管理概述 ··· 129
第二节　高校教学质量管理体系的构建 ····································· 132
第三节　高校教学质量管理的创新措施 ····································· 134

第七章　大数据时代高校教育教学管理探索 ··································· 145

第一节　高校大数据教育教学管理的特点 ··································· 145
第二节　大数据时代高校教育教学管理的路径探索 ··························· 148

参考文献 ··· 163

第一章　高校教育教学管理基础理论

第一节　高校教育教学构成及其特点

一、高校教育教学的构成要素

高校教育教学是一个以动词为主的、内涵比较宽泛的偏正词组，它可以指由学校为实现人才培养目标所组织的任何活动。由于各校、各学科专业的人才培养目标、质量规格、层次要求不同，高校教育教学活动也表现出较大的差异性。但就每一个具体教学活动单元的结构来说，它们又有许多相似性，即都是由若干基本相同的要素所构成的开放性系统，不同教学情景就由这个系统的要素的不同组合产生。

关于高校教育教学活动构成要素的研究，历来有不同的争论。有的从共时性角度分析而有的从历时性角度分析，有的从关系角度分析而有的从表象角度分析，有的从深层结构分析而有的从表层结构分析。不同的分析角度决定了不同的分析结果，以至于出现从"三要素说"（教师、学生、教材）到"七要素说"（学生、教学目的、教学内容、教学方法、教学环境、教学反馈、教师）的巨大差异。客观地看，这种差异是正常的，特别是更加精细的结构要素划分，只要在逻辑上没有包含或遗漏，精细的分析应该得到提倡。联系高校教育教学活动的几个特点，我们认为一个比较完整的具体教学活动应该由教学主体、教学目的、教学信息、教学媒介、教学组织、教学环境六个要素构成。

（一）高校教育教学主体

高校教育教学的主体是教学活动赖以开展的基本条件。教学主体就是有目的、有意识地进行教学实践活动和认识活动，并在教学活动中确立和体现主体地位的现实的人。这里的人包括三层含义：现实的人、动态发展的人、个体与群体相统一的人。因此，学生也是教学活动的主体之一。以前往往以机械认识论为理论基础，从施教与被教角度考虑，认为教育参与者包括作为教育者的教师和受教育者的学生两个方面，即教学主体是教师，教学对象是学生。这实际上忽视了高校教育教学的特殊性，隐性的教学效果、探究性的教学活动都依赖于学生主体性作用的发挥，因此教师与学生是高校教育教学活动的共同主体。

（二）高校教育教学目的

教学目的是任何教学活动的基本要素，只是不同目的有层次上的高低差别。即使是高校教育的教学活动，其目的也有层次之分，比如一个专业培养方案中的教学目的，一门课程的教学目的，一节课堂的教学目的，等等。就教学方法研究需要而言，这里的教育目的主要指一个课堂之类的教学活动的目的，其中有比较抽象的一般要求，也有比较具体的内容、技能目标。

高校教育教学的目标主要源于三个方面：教师的需求目标、学生的需求目标、社会的需求目标。以前，受高校教育教学活动的社会本位思想影响，一些国家特别是实施集权式管理的国家，其高校教育教学活动的目的容易被"国家化"甚至"政党化"，教师成为国家对学生实施教育驯化的工具，而学生则成为被教育驯化的对象。但在高校教育逐步发展、受教育人群日益扩大的形势下，社会本位的教育功能不断弱化，"以人为本"的教育思想越来越占重要地位。所以，教学活动的目的必须同时考虑教学活动主体，即教师和学生的个人需求，教师通过教学传播知识，促进自我的进一步探究，同时引导学生获得专业技能的训练，从而获得满足与成就感。学生通过对社会愿望、个人兴趣以及基本能力的综合考虑，主动接受高校教育，参与教学活动，以达到身心和智力的全面发展。社会对教学活动的需求是具体而分层次的，教师和学生对教学活动的需求亦是抽象而含糊的，认识和化解这种矛盾冲突有利于教学方法创新。

（三）高校教育教学信息

教学信息以前通常用教材以及教学内容来表示。但实际上，教学内容有一部分应该包含在教学目的之中，作为目标性任务加以明确。同时，教材是教学内容的传统载体，而鉴于现在高校教育可供使用的教学材料日益丰富，来源途径远不止于教材，故教材在高校教育教学活动中的地位有下滑趋势。

高校教育教学的形式与内容往往表现得最为具体、生动，既反映内容与形式的对应关系，也反映形式与环境的协调关系，还反映教学活动直接主体（教师与学生）与间接主体（教学管理者）协商一致的特征。单从教学活动形式来看，就是内容、环境、主体的统一，如课堂教学、课外练习、社会实践就是三者关系的不同组合结果。如果从教学活动主体的作为来看，则有讲授活动、听课活动、师生研讨活动等，每一种活动，各自主体地位的表现是不同的。高校教育教学内容与教学目标紧密相连，即从国家或社会本位出发对专门人才的知识、技能体系有一个制度设计和进程安排，教学内容按照这些制度和进程逐步展开。现在，我国开始注意发挥教师和学生的主动性，对教学内容的选择权有所放开，但与教师自主裁量教学内容和学生在完全学分制下自由选择教学内容还有相当距离，至少学生的职业规划与学校的学业指导工作短时间内难以跟上。

（四）高校教育教学媒介

教学媒介就是教学方法实施的载体，由于现代教学技术在飞速发展，传统的教学方法已经不能准确反映教学活动实际，很多现代教学设施、技术被应用到高校教育教学活动中。因此，教学媒介既包含了传统意义上的教学方法，又包含了现代教学技术，它是传递教学知识、信息，增强教学信息刺激强度，提高教学影响效果的途径。

（五）高校教育教学组织

没有组织就没有活动，就一个教学活动来讲，教学组织不可缺少。在什么样的时间和空间、由哪些教师和学生参与、参与人员的规模以及教师或者学生在教学时间内的教学秩序维护等，都是教学组织的内容。还有教学评价，但它属于教学过程与质量管理范畴，不属于教学活动的内容。

（六）高校教育教学的环境

教学环境是相对于教学主体而言的，它包括教学活动中除主体之外的一切物质的、时空的、媒介的关系等方面，尽管环境在教学活动中处于从属地位，但对其实现教学目标有极其重要的影响。高校教育教学环境对教学活动的影响越来越大，根据教学活动的需要，不断对教学环境进行必要的调节和控制，有利于教学活动的顺利进行。经过选择、净化、提炼和加工处理的教学环境有利于教学主体实现追求真理、掌握知识、发展身心等目标。

二、高校教育教学的特点

高校教育教学的特点与过程是联系在一起的，教育与教学是一个循序渐进的过程，世界上没有任何一种瞬时性的教学活动。过程性本身就是教学活动的普遍特点，因此很多学者用"教学过程"代替"教学活动"，专注于研究高校教学过程而不刻意研究高校教育教学活动也是可以理解的，只是过程性特点不为高校教育教学所特有。所以，将两者混淆是不合理的，无论是对高校教育教学活动的瞬时考察，还是对教学效果进行分析，高校教育教学活动的特点都是十分明显的，具体有如下一些特点：

（一）专业性教学与综合性认知相结合

高校教育与基础教育的最大不同就在于知识的专业系统性，属于建立在基础教育之上的专业教育：教学目标和内容按照不同学科专业领域的知识体系进行设计，教学组织形式也分专业进行。同时,高校教育教学活动的综合性认知也十分明显:在专业性教学内容与教学情景中,学生的知识、能力、素质得到全面培育,即使是一门十分专业的课程,在课程设置、活动设计中,也安排有一定分量的基本素质和能力训练的内容和项目,教学活动对学生的影响是综合性的,对学生的培养是多方位的。

(二)隐性教学与显性教学相结合

高校教育教学活动对人才培养的影响作用趋于多样化,传统课堂的直接影响、作业与练习的直观影响等属于显性活动部分,还有许多潜移默化的教学活动,比如学术报告会、参观学习、社会调查、教师对学生得体的表扬或批评等,这些看似不像规范的教学活动属于隐性教学活动,它的教育意义和对学生的影响绝不只是现场表现出来的结果,而要比现场深远得多、广泛得多。教育中的所谓"启发""养成",其实就是对这种隐性教学活动功能的表述。

(三)教学活动与科研活动相结合

科学研究活动是人类有意识地探究世界的实践活动,我们说高校教育教学活动是一种接近于人类认识世界实践活动的有效组织方式,本意就在于表明高校教育教学活动不是纯粹的知识传授活动,也不纯粹是师生交往与情景感悟活动,而是有目的地引导学生学会认知和探究世界的方法、训练基本的认知能力的活动。如果说本科生教学对这方面的要求只是初步的,那么研究生的教学则是典型的认识已知与探索未知的统一,就是教学活动与科研活动的统一,教师和学生在各自的教学活动任务中都可以实现认识已知与探索未知的结合。

第二节 高校教育教学管理的内涵与价值

一、高校教育教学管理的内涵

研究高校教育教学管理,首先就要明确其内涵,而要全面、深入地把握高校教育教学管理的内涵,就要弄清高校教育教学管理的含义,了解高校教育教学管理的特点。

（一）高校教育教学管理的含义

管理涉及生活中的各方面，人们一般对管理有不同需求和不同角度的解读，若简单从字面意义上来说，管理有管辖和处理的意思，若具体展开，管理的定义多种多样。比如教育学界就对教育教学管理下了多种定义，这些定义在某种程度上也反映了管理活动的特性，其中最普遍的一个角度，是从教育教学管理职能和过程的角度来看，教育教学管理有计划、组织、指挥、协调和控制这几部分职能，其中根据重点的不同，对管理有着不同的理解：①从教育教学管理的协调作用来看，在组织中对人和物资的协调是为了完成组织目标，这一概念活动即为教育教学管理；②从人际关系和人的行为来看，教育教学管理就是为了调动成员积极性，协调成员人际关系，进而达到组织目标的一种组织活动；③从教育教学管理中决策的重要地位来看，决策即为教育教学管理；④从系统论的角度来看，教育教学管理是一种固有的客观规律，人们可以通过影响系统，从而达到系统更新的效果，此类活动过程就是教育教学管理。

综上所述，可以对教育教学管理下一个相对准确的定义，即教育教学管理是一种社会活动过程，是在一定的社会组织中，人们为了达到预定的组织目标利用人力、物力、财力、时间等资源，对组织进行计划、控制和决策的社会活动过程。

高等学校管理和人才培养的重点之一就是高校教育。高校教育由于其特定的地位，在管理中不仅具有一般管理的本质，还有其特殊的表现形式，以下两点就反映了上述说法：

第一，高校教育教学管理的目的是实现高等学校的人才培养目标，促进大学生的全面发展。与任何管理都是在社会组织中进行的一样，任何管理都需要有预定的组织目标，目标与管理是相辅相成的。高等学校为社会进行的人才培养是高校教育教学管理中的一项重要内容，高校教育教学管理要以实现高等学校的人才培养目标、促进大学生发展为首要任务，这样才能够为社会输送德智体美劳全面发展的、创新和实践精神较强的社会建设人才。

第二，高校教育教学管理的实质是要有效地利用学校的各种资源，为大学生的成长成才提供指导和服务。大学生能够顺利完成学业，并且在学习过程中得到高校提供的各方面指导与服务，是高校教育教学管理的最主要任务，如提供资助服务给家庭经济困难的学生，给毕业生提供必要的就业指导服务，对大学生在校期间的行为进行正确的引导等。因此，高校需要有效地利用学校的人力、财力、物力等各种资源，进行科学的策划与组织，从而为大学生提供更多的成长空间与服务指导。

（二）高校教育教学管理的特点

高校教育教学管理在管理中占据特定的地位，其对大学生人才培养的引导与服务有着鲜明的特点。

1.突出的教育功能

高等学校人才培养工作离不开高校教育教学管理,因此高校教育教学管理既具有管理的属性,又具有教育的属性。

(1)高校教育教学管理的目标服从和服务于大学生教育的目标

高校的教育教学管理是为了实现预定的教育教学目标。大学生踏入大学校门的目的就是接受教育,高校如何通过高校教育教学管理来实现大学育人目标,是高校管理者必须思考的问题,高校教育教学管理必须以大学生圆满完成预定学习目标为服务基础,制定出可以促进大学生德智体美劳全面发展的管理措施,完成不断为社会输送人才的目标。高校教育教学管理与大学生教育目标的关系是,高校教育教学管理是手段,大学生教育目标是手段实施的依据。具体而言,有以下两个方面:

第一,大学生教育目标的实现离不开高校管理目标的实现。高效的教育教学管理,能为大学生学习提供各种便利和服务,积极调动大学生的主观能动性,保证教学活动正常进行和学生的全面成长。

第二,高校教育教学管理的目标要以大学生教育的目标为实施依据。因为大学生教育目标的实施和贯彻,是高校管理目标在高校管理活动中的反映和体现,高校教育教学管理目标包括大学生教育目标,是高校教育教学管理目标之一。高校教育教学管理目标和大学生教育目标的统一,保证了高校教育教学管理的正确方向。

(2)教育教学方法在高校管理方法体系中具有突出的作用

高校教育教学管理活动应该要以教育教学方法为基础手段,提高高校教育教学管理的实施成效。高校教育教学管理是在组织活动中实现的,组织活动离不开人的参与,人的思想意识支配且影响着人的种种活动,所以一切管理活动都是以人为基础运行的,只有做好人的思想工作,以思想领先为原则影响他人,才能引导和制约人们的各种活动。放到高校教育教学管理活动中来,就是通过对学生进行不断的思想道德教育来促使高校教育教学管理中的法律方法、行政方法和经济方法卓有成效地实施。

(3)高校教育教学管理过程同时也是教育大学生的过程

高校教育教学管理是对大学生进行指导和管理,蕴含着丰富的教育因素,高校教育教学管理的过程会直接影响大学生德智体美劳的发展,因此作为向社会培养和输出人才的高等学校,其管理工作的实施,一定要对学生产生积极的影响。要以以人为本、民主法治、公正和谐的理念为基础,倡导从实际出发、遵循教育规律和管理规律、实事求是的科学精神,运用民主管理、依法管理、科学管理的手段,潜移默化地教育学生,从而对大学生起到引导思想和规范行为的作用。高校教育教学管理者在管理过程中的情感、态度和言行对大学生也有着不可估量的影响,因此高校教育教学管理者在管理过程中也应注意自己的一言一行,努力成为正面积极的表率与模范。

2.鲜明的价值导向

高等学校是为社会培养和输送人才的基地,所以高校教育教学管理至关重要。社会经济基础、政治制度和意识形态对高校教育教学管理的目的、体制和形式具有制约作用,因此要注意高校教育教学管理对大学生价值观形成、变化和发展的巨大影响。作为向全社会输送人才的高等学校,高校教育教学管理对人才的价值导向影响力巨大,如何为社会主义建设事业培养坚持社会主义价值导向的专业人才,是我国高校教育教学管理的一项重要课题。以下三个方面就是对上述内容的展开阐述:

(1)高校教育教学管理的价值导向集中体现在管理目标中

人类实践活动的基本特征是目的性。人的实践活动总是体现一定的价值观念,在实践对象的属性和需求及其变化趋势的基础之上作出认知判断,是人实践活动目的的基本内容和活动特性,高校教育教学管理的目的和人实践活动的目的基本相同。实际上,大学生价值观的形成和发展离不开高校教育教学管理的引导,高校教育教学管理的每个举措都影响着大学生的一言一行,从整个高校教育教学管理系统来看,价值观的确定和设计,是高校教育教学管理目的实行与运作的根基,所以我国高校教育教学管理的实行,要遵从我国社会主义核心价值体系的要求,积极地贯彻社会主义核心价值观,满足中国特色社会主义的共同理想对人才培养的要求。以高校教育教学管理的重要目标为例,就是要建设并维护学生良好的教育教学和生活秩序。其中"有序"的价值观就在这一目标的执行下,得到了良好的实践与发展,很好地培养与推动了大学生"有序"价值观的形成。在此基础上,对大学生人才的培养是大学生教育以及高校教育教学管理的重中之重,如何培养、培养目的、培养效果等内容都蕴含着一定的价值观念和价值追求,包含这些内容的高校教育教学管理就是大学生教育的重点环节。

(2)高校教育教学管理的价值导向突出体现在管理理念中

作为高校教育教学管理指导思想的高校教育教学管理理念,对高校教育教学管理的原则和方法有直接的制约作用,是对社会先进价值观的具体贯彻和鲜明体现。例如,中国共产党坚持的"以人为本"价值观,体现到高校教育教学管理中就是全面贯彻"关心人、尊重人、依靠人、发展人、为了人"的以人为本的理念,潜移默化地、积极地作用于大学生价值观的形成和发展。

(3)高校教育教学管理的价值导向具体体现在管理制度中

高校教育教学管理若想要实现规范化、制度化和法治化,其基本保证和主要标志就是制定科学且严谨的规章制度,这是高校教育教学管理能够顺利实施的基本手段。制定管理规章制度离不开价值观念的指导和影响,其鲜明的价值导向,对大学生的价值观形成有巨大影响。例如,可以对大学生的行为进行一系列的要求,制度中写明具体的行为规范:对大学生什么样的行为进行勉励和倡导,对大学生什么样的行为必须强烈反对和禁止;对大学生什么样的表现作出奖励和表扬,对大学生什么样的表现作出谴责和惩罚等。

3.复杂的系统工程

高校教育教学管理是一项十分系统的工程,高校教育教学管理与其他管理活动的相同点体现在其整体性、层次性、动态性和开放性上,而不同点在于,高校教育教学管理活动具有其复杂性。

（1）高校教育教学管理的任务是复杂的

大学生的专业学习和日常生活属于高校教育教学管理的内容,高校教育教学管理对大学生各方面各环节的培养和管理是任重而道远的,有其特有的复杂性。高校教育教学管理在实施的过程中,不仅要注意高校学生中心任务的顺利实行,即对学生学习行为和实践活动的管理和引导,还要注意从高校学生健康成长的角度出发,对诸如学生间交际行为、消费行为、网络行为等高校学生的日常行为进行管理和引导,通过以上工作对学生的异常行为进行早发现、早纠正和早处理,以保证大学生的健康成长。具体而言,一般可分为以下四个方面：

第一,对大学生现实群体与虚拟群体的管理与引导。随着现代科技的不断发展,社交应用媒体更新频繁,因此,除了要管理和指导大学生现实群体如学生班级、学生党团组织及学生社区和生活园区等,还要对大学生依据网络平台形成的虚拟群体及其言论进行合理的关注与管理。

第二,对大学生校内外的安全都要进行关注与管理。大学生的学习生活不仅在校内进行,校外也是其活动的重要区域,在高校教育教学管理工作中,不仅要对学生校园内的生活进行合理的引导和管理,还要对其校园外的生活进行持续的关注和督促。

第三,在开展高校教育教学管理工作的过程中,要考虑学生的具体情况。不仅要关注可以调动全体学生学习积极性的奖学金评定工作,还要关注家庭困难学生的资助工作,双管齐下,才能保证高校学生学业的顺利完成以及学生心理的健康发展。

第四,针对新生与毕业生的不同情况,高校要运用学校的资源提供不同的指导和服务。针对新生,高校教育教学管理要及时帮助新生明确未来要实现的具体目标,制定合理且科学的职业生涯规划,促使学生对校园生活进行合理安排,为其未来发展打下良好的基础。针对毕业生,要及时地为其提供就业与创业方面的信息,进行积极的服务与指导,促使学生能够快速地从学生身份向社会工作者的身份转变,最大化地实现自身价值。

（2）高校学生是具有明显差异和鲜明个性的

随着现代社会科技的进步,高校学生处于信息爆炸的网络时代,信息的海量和易得以及自我意识的觉醒和增强,使持续受信息浸染的学生拥有了不同的精神世界和思想感情,每个人都有不同特性。具体到班级单位,学生们的年级和专业都是相同的,但班级内的每个学生都有着鲜明的个人特质,如气质、性格、兴趣和习惯等。一方面,高校学生来自全国各地，不同的生活经历和生活条件会使他们的思想行为方面有比较明显的差异；另一方面，大学生崇尚个性的特质会使他们对自身个性的发展和完善有着较强的追求，这也导致学生个体之间存在明显差异。学生是高校教育教学管理的对象，高校对学生这种个人特质的尊重是有效开展教育教学管理工作的前提，在这个前提下，高校教育教学管理对学生实行"因人制宜"与因势利导的针对性工作，就具有了其特定的复杂性。

（3）影响高校学生成长的因素是复杂的

高校教育教学管理的目的是为社会培养和输送人才，而高校人才如何能够健康成长，是高校教育教学管理的重中之重。在现实生活中，影响大学生学习生活的因素多种多样，不仅有学校内部的教育生活因素，外部环境因素的影响也不容忽略。由于外部环境的构成因素非常复杂，因此高校教育教学管理的应对也相对复杂。

环境因素往往会通过学生的学习、生活、人际交往等方面，对学生的成长产生不可忽视的影响和作用。其中涉及了多种多样的环境因素：①历史和现实的因素；②自然和社会的因素；③物质和精神的因素；④政治、经济与文化的因素；⑤国际和国内的因素；⑥家庭和学校周边社区的因素。尤其是在现代科技与信息飞速发展的大背景下，全球一体化趋势越来越明显，世界各国联系紧密，学生对世界各地信息的获取变得越来越容易，这些信息对学生思想和精神产生了较大的影响。在以上各种环境因素的综合下，学生受到的影响是复杂而广泛的。

以外部环境为例。一方面，外部环境影响的性质是具有多重性的，分为积极影响和消极影响，二者互相交织。高校学生个体间的差异会导致同样的环境因素在不同个体上有不同性质的影响。以家庭经济条件为例，富裕的家庭可以是大学生顺利完成学业的有力保障，也可以是大学生铺张浪费、不思进取、荒废学业等行为的催化剂。另一方面，外部环境影响的方式是具有多样性的，可以分为直接影响和间接影响、显性影响和隐性影响；可以作用于大学生的思想情感，也可以作用于大学生的行为。因此，在学生的学习和生活中，高校教育教学管理不仅要对学生进行科学且合理的指导，还要针对外部环境对大学生的影响进行有效的调节和控制，从而运用积极影响抵消消极影响，促进大学生全面健康发展。

二、高校教育教学管理的价值

高等学校是为社会输送高等人才的基地，因此如何促进学生健康发展是高校教育教学管理的重点，而高校教育教学管理工作的良好开展，对于推动社会的进步，促进高等学校的可持续发展和提高大学生个体素质都具有重大意义。

（一）高校教育教学管理价值概述

价值属于经济学范畴用词，商品生产的出现导致了价值概念的产生，凝结在商品中无差别的人类劳动就是经济学中价值的概念。随着社会的发展与科技的进步，价值的范畴进一步扩展，在社会政治、法律、道德、科技、教育和管理等各个领域中都得到了广泛而充分的应用与发展，逐渐成为人们评价一切事物的一般标准。由此可见，价值又在哲学意义上作了引申。客体对于主体的作用和意义是价值在哲学意义上的定义，是对客体的属性和功能与主体的需要之间的特殊关系的体现，即客体属性和功能对主体需要的满足关系。

主客体的存在是价值存在的必要条件，具体可分为两方面：①主体的需要在价值的衡量上具有重大意义，是衡量价值的标尺，判断事物或对象是否具有价值，也需要看该事物或对象是否可以满足主体的需要，由此可见，价值离不开主体；②客体的属性和功能是价值的载体，也就是客体的属性和功能对主体需要的满足，由此可见，价值同样离不开客体。

作为为社会输送人才的高等学校，高校教育教学管理的意义重大，它本身的属性和功能既满足了大学生成才的需求，又满足了社会进步的需求，同时反映到高等学校自身发展上，也满足了高等学校自身发展的需求。关系范畴的价值主客体缺一不可，具体到高校教育教学管理的价值，其主体就是社会、高等学校和大学生，客体就是高校教育教学管理本身。以下分别作具体阐述：

第一，作为客体的高校教育教学管理本身。高校是为社会输送各种各样人才的基地，高校教育教学管理对人才的形成、培养和成长都具有极大的推动作用，而对高等学校来说，高校教育教学管理的好坏，也直接影响着高等学校的发展，高校教育教学管理做得优秀，为社会输送的优秀人才增多，高等学校知名度的加大，对高等学校的未来发展可以说是一个正向的反哺，所以高校教育教学管理的价值是建立在高校教育教学管理本身的属性和功能上的。

第二，作为主体的社会、高等学校和大学生。高校教育教学管理的最终目的是为社会输送合格的人才，高等学校是高校教育教学管理的实施者，大学生是高校教育教学管理的管理对象，社会是检验高校教育教学管理成果的验金石。

综上，高校教育教学管理的价值就体现在其属性和功能对社会、高校和大学生需要的满足上。另外高校教育教学管理价值还有几个明显的特点。

1.直接性与间接性

作为高校教育教学管理价值的主体，即社会、高等学校和大学生，这些不同的主体受高校教育教学管理的作用方式不同，有直接作用和间接作用之分，即高校教育教学管理价值有直接性和间接性两个特点：①高校教育教学管理价值的直接性是指没有中介环节，高校教育教学管理能够直接满足价值主体的需要。通常而言，高校教育教学管理能够直接地产生作用与影响的价值主体是高校学生，即高校教育教学管理的实施是直接作用于学生个体的。②高校教育教学管理价值的间接性是指通过中介环节，高校教育教学管理才能满足价值主体的需要。通常而言，高校教育教学管理通过对大学生的影响，才能间接影响到社会的发展。

2.即时性与积累性

高校教育教学管理价值的实现是需要一个过程的，满足价值主体需要的过程时间长短不一，所以高校教育教学管理价值可以说同时具有即时性和积累性两个特征。短时间内，价值主体能够从高校教育教学管理中得到很好的满足，即高校教育教学管理价值具有即时性。例如，针对家庭经济困难的学生，及时办理相应的助学贷款，能够使其安心地在大学学习与生活。若想实现高校教育教学管理的价值，需要对高校教育教学管理工作进行不断的积累，工作积累是一个长期的过程，即高校教育教学管理价值具有积累性。例如，为学生提供一个教学有序的环境，从而推动大学生的良好发展。

3.受制性与扩展性

因为高校教育教学管理是直接面向大学生实施的，大学生在学习和工作中会受到多种多样因素的影响，因而高校教育教学管理价值也会受到多重因素的影响，高校教育教学管理价值的受制性就表现在此。可以大致分为正反两方面的影响：①当影响大学生的因素与高校教育教学管理作用的方向一致时，高校教育教学管理更容易发挥成效，高校教育教学管理的价值更易实现；②当影响大学生的因素与高校教育教学管理作用的方向相反时，高校教育教学管理的成效就会受到负面的影响，其价值就会难以实现。

以上讲的是各种因素对大学生的影响与作用，高校教育教学管理价值的扩展性正好与之相反，是指高校教育教学管理可以通过直接影响大学生的一言一行，从而间接影响外部环境与因素，进而扩展高校教育教学管理自身的价值。例如，高校教育教学管理对科技创新的倡导，会直接影响与激励学生参与到科技创新的活动中去，从而间接影响学校有关科技创新方面的发展，进一步提高学生科技创新的能力和水平。

4.系统性与开放性

高校教育教学管理价值是多种角度、多种类别的有机整体，具有较强的系统性。在这里可以将其按照各种不同的角度来进行分类，多方面解读高校教育教学管理价值的系统性，以下用几种分类说明：

第一，按主体分类，可以分为社会价值、高校集体价值和个体价值。社会价值体现在高校教育教学管理对社会运行与发展的作用；高校集体价值体现在高校教育教学管理对高校自身持续性发展的作用；个体价值体现在高校教育教学管理对大学生个体的培养和长远发展的作用。

第二，按形式分类，可以分为理想价值和现实价值。理想价值是高校教育教学管理不受任何因素影响，以最理想的状态实施运作，实现最终价值的状态，而现实中往往有各种各样的影响与阻碍，现实价值是在现实条件下正在实现或者已经实现的价值状态。

此外，按性质分类，可以分为正向价值和负向价值。按价值高低分类，可以分为高价值和低价值。

高校教育教学管理价值是具有开放性的。随着价值主体和高校教育教学管理功能的变化与发展，高校教育教学管理的价值也会随之发展。社会发展日新月异，作为高校教育教学管理服务对象的大学生也在不断发生新的变化，服务对象的改变必然会导致高校教育教学管理的相应改变，以期适应管理对象，扩展管理的价值。例如，信息时代的到来，计算机网络对学生的影响越来越大，面对这种新情况，高校教育教学管理要及时关注并规范大学生网络的使用，从而跟进高校教育教学管理在网络中的价值扩展。

（二）高校教育教学管理的社会价值

高校教育教学管理通过培养与输送合格的高等人才作用于社会，虽然形式是间接的，但其社会价值对社会的影响仍然是广泛而深远的。社会发展对合格人才有着较高的要求，高校教育教学管理本身是实现其社会价值的重要手段。

1.培养合格人才的重要手段

社会的发展对人才的需求尤其是对高素质人才的需求越来越大，作为需要不断向社会输送人才的高等学校责任重大，高校教育教学管理的中心任务具体体现为：为社会培养出一批又一批的专业人才，从而促进社会的进步与发展。

（1）维护正常的教育教学秩序

高校规章制度的实行可以帮助高校教学活动良好有序地展开，高校教育教学管理对高校教育教学秩序的维护是高校有效开展教学的保障。具体实行中，高校教育教学管理可大致分为以下三个方面：

第一，高校教育教学管理要按照一定的制度对学生的学籍进行严格的管理。学生的入学与注册，课程和各种教育环节的考核与成绩记载，转专业与转学，休学、复学与退学，毕业与结业等各项工作做到明了和有序，帮助高等学校建立正常的教学秩序，从而使其能够顺利地开展各项教育工作。

第二，具体到学生群体，高校教育教学管理要对学生群体进行系统且全面的学习管理，从而对学生形成一种正向的督促与激励，如规范学生行为，督促学生遵守纪律等，对良好学风的养成和教育教学秩序的建立十分有利。

第三，高校教育教学管理对学生团体的管理和引导，对建立教育教学秩序具有很强的促进性。

综上，高校正常的教育教学秩序的建立是离不开高校教育教学管理的。

（2）激励、指导和保障学生的学习行为

教学虽然是组合在一起的词语，但"教"与"学"是两种不同的概念。从"教"与"学"中可以明显看出这是两种动作，代表着教师和学生的双向互动，因此教学过程中"教"与"学"也是辩证统一的。在"教"与"学"的过程中，前者是主导，后者是关键。对于大学生来说，学习是其主要任务，能否完成学习任务关系着大学生能否成为一个合格的人才，在这种情况下，高校教育教学管理就扮演着激励、指导和保障其顺利完成学业的重要角色。以下对这三个方面进行具体阐述：

第一，激励作用。高校教育教学管理可以引导学生对学习的意义产生正确的认知，让学生明白学习是实现其自身价值的重要途径，明确学习目的也可以调动学生学习的主观能动性；奖学金和荣誉称号的设置，对优秀学生的表彰等行为，可以激励学生全身心地投入学习；在大学学习中引入竞争机制，组织各种具有竞争性的学习赛事，同样可以调动学生学习的积极性。

第二，指导作用。新生入学以后，高校教育教学管理可以引导学生熟悉大学教育环境与内容，使他们能够尽快把握大学阶段的学习特点和要求，尽快从被动性学习转向主动性学习；在大学学习的过程中，高校教育教学管理要引导学生及时发掘自身特点，根据社会实际的需要制定适合自身的职业规划，后期还要督促学生根据自身的职业方向明确学习目标，进而有计划有目标地学习；学生明确学习目标和规划后，良好学习方法的把握也是十分重要的，高校教育教学管理应给予学生一定指导，促进学生良好学习习惯的养成，进而快速提升自身的学习力；大学生社会实践活动的开展也是促进学生学习必不可少的一项内容，大学生不仅要掌握专业的理论知识，对专业理论知识的实践也是学习过程中的重要一环，在实践中对专业理论知识的理解和应用有助于大学生自身专业技能的加强与提升。

第三，保障作用。高校学生来自全国各地，每个学生的家庭经济状况都不相同，高校教育教学管理应切合实际，加强资助管理，对家庭经济困难的学生切实地做好助学贷款和助学金的发放，并对学生的勤工助学活动作必要的指导，帮助学生顺利完成学业。大学生的心理健康也是高校教育教学管理需要关注的一个方面，对学生进行及时的心理辅导，帮助学生缓解并逐渐克服学业焦虑，可以有效地帮助高校学生建立正常的学习与生活秩序。

（3）培养学生的思想品德

社会的发展不仅对人才专业技能的要求越来越严格，对人才的思想品德和能力素养方面也同样开始着重关注起来，所以一个符合社会需求的人才必然要德才兼备。在大学生接受高等教育过程中，不仅要对其进行深入细致的思想政治教育，还要以高校教育教学管理为辅助，督促大学生养成以良好思想品德为思想基础的行为习惯，持续地规范大学生行为，促使大学生由他律转向自律。

现实情况中，大学生各个方面的发展都还未成熟与稳定，且每个学生的个性和思想基础也不相同，导致学生接受思想教育的意愿和自律程度上存在不同程度的差异。想要提高大学生的自理、自律水平，加强大学生遵循社会规范的自觉性，促进其良好行为习惯的养成，就需要以思想政治教育为主，以高校教育教学管理为辅，双管齐下，最大限度地推动学生自理、自律能力的提升。

高校可以利用高校教育教学管理功能，结合实际情况制定科学有效的规章制度，各项规章制度的严格执行，不仅对学生的行为管理和纪律约束具有强化作用，还可以使大学生的学习和生活都处于一种良好有序的状态，最大化地提升大学生思想政治教育的成效。

2.构建和谐社会的内在要求

中国特色社会主义的本质属性是社会和谐，构建社会主义和谐社会是发展中国特色社会主义的基本要求和重要保证。有效实施具有引导作用的高校教育教学管理，对构建社会主义和谐社会有着重要的价值和作用。

（1）高校教育教学管理是维护社会稳定，实现社会安定有序的重要保证

高校是高等人才的培养基地，不断地为社会输送人才，高校输送的人才直接影响着社会是否能够稳定有序地发展，因此社会稳定和高校稳定有着不可分割的关系，而高校能否稳定，高校学生是关键。

高校学生的思想尚未成熟，呈现出明显的矛盾性。例如，高校学生普遍关注国家发展情况，对时事政治也有一定的了解，崇尚自由与民主，对政治方面也有较强的参与意识，但大部分学生政治经验与社会生活经验匮乏，不具有良好的政治辨别力，因此对社会上不良思潮的抵抗力较弱。另外，高校学生年纪较轻，生活阅历较少，情感共鸣能力较强，这种特性使高校学生形成了热情勇敢的个性，但更易冲动，丢失理性。大学生群集于高校校园内，若高校教育教学管理不能进行有效的干预与引导，如果一些不良的信息和倾向在学生群体中扩散，在不利于大学生自身发展的同时还会对社会造成不可预估的影响。

综上，高校教育教学管理若能够正确地引导高校学生的思想、学习和生活，及时处理学生间突发事件，妥善解决学生在高校生活中的各种问题，就能有效地促进高校的稳定，高校的稳定继而会对社会的安定有序产生积极的作用与影响。

（2）高校教育教学管理是构建和谐校园的重要手段

高等学校是现代社会中不可或缺的重要社会组织，担负着培养人才、推进科技进步、传播先进文化的重要任务。构建和谐校园，是构建社会主义和谐社会题中应有之义，也是推进高等学校科学发展的内在要求。

第一，加强高校教育教学管理，引导和组织大学生积极发挥在和谐校园建设中的主体作用，是构建和谐校园的重要保证。

第二，加强高校教育教学管理，建立和完善学生参与民主管理的组织形式，引导、支持和组织学生依法参与学校的民主管理和实行自主管理，切实维护和保障学生在校期间享有的权利，引导和督促学生全面履行法律规定的义务，自觉遵守国家法律和学校管理制度，有力地推进高等学校的民主法治建设。

第三，加强高校教育教学管理，妥善地协调学生与学校、学生与教师之间的关系，维护学生的正当利益，实事求是地评价学生的思想品德和学业成绩，公正地实施奖励和处分，正确地处理学生中的各种矛盾和问题，可以使公平正义在校园中得到弘扬。

第四，加强高校教育教学管理，督促学生在学习考试、科学研究、人际交往和日常生活中坚持诚实守信，做到不作弊、不剽窃，引导学生尊敬师长，友爱同学，团结互助，才能在校园中形成诚信友爱的良好风气。

第五，通过高校教育教学管理，充分调动学生的积极性和创造性，围绕专业学习，开展丰富多彩的社团活动和社会实践活动，鼓励、组织和支持学生参与科学研究，进行创造发明，尝试创新创业活动，从而使校园充满活力。

第六，通过高校教育教学管理，建立和维护学校正常的教育教学秩序和生活秩序，加强学生的安全教育和管理，保障学生的身心健康，有效地预防和妥善地处理学生中的突发事件，努力建设平安校园，实现校园实现乃至社会的安定有序。

第七，通过高校教育教学管理，引导和督促学生自觉维护校园环境，节约使用水、电等各种资源，使校园成为人与自然和谐共处的生态校园。

（3）高校教育教学管理是促进高校学生集体和谐发展的重要手段

高校学生党团组织、班级、学生会、社团等都是高校学生在高校内团体生活的主要表现形式，这些团体活动包含了政治、学习和生活等各方面的因素，对高校学生的思想有着直接而有力的影响。高校学生集体的和谐发展，不仅可以促进学生个人的健康成长，对高等学校内部的和谐稳定也有积极的影响和作用。

高校教育教学管理可以有效地规范大学生的集体活动，对大学生集体活动的和谐发展意义重大。以下通过三个方面进行具体阐释：

第一，高校教育教学管理可以指导高校学生集体自觉遵循学校规章制度，以高校人才培养和学生自身发展为中心，开展多样的集体活动，有效地发挥高校学生的主观能动性，促进高校学生集体发展和学校发展统一。

第二，高校教育教学管理有助于加强高校学生的思想建设、组织建设、制度建设和作风建设等，增强高校学生间的团结互助和沟通交流，促进个体的良好发展。

第三，高校教育教学管理可以规范高校学生集体的秩序，正确处理各类集体之间的关系，在面对大型活动的时候，高校各学生集体间要加强沟通，争取互相之间的协调配合与支持，使大学生形成自我教育与校园管理的合力，促进高校内各学生集体的团结互助与和谐发展。

第三节 高校教育教学管理的规律与原则

一、新时期高校教育教学管理的规律

研究高校教育教学管理，就必须认识和掌握高校教育教学管理的客观规律。由于高校教育教学管理是一门新学科，目前学界还没有科学准确地概括出它的基本规律，但有一些学者对此提出了启发性的见解，对高校教育教学管理规律作了初步探讨。

（一）自然属性与社会属性相统一的规律

高校教育教学管理的自然属性，是指高校教育教学管理活动在本质上具有不因社会条件和时代背景而变化的稳定性；高校教育教学管理的社会属性，是指教育教学管理活动随社会形态变化和历史发展过程中所形成的特殊个性而呈现不同特征的性质。

1.高校教育教学管理的自然属性

高校教育教学管理的自然属性主要表现在三个方面：

（1）高校教育教学管理的普遍性

高校教育教学管理是普遍存在的，不论哪个国家，哪个历史时期，只要存在高等教育活动，就存在对教育教学活动进行管理的必要。

（2）高校教育教学管理的共同性

高校教育教学管理在各个历史发展时期都具有明显的共同点，这些共同点不因国家的政治、经济、文化等差异而变更，也不因历史时期的更替而消失。正因如此，以往高校教育教学管理中的优秀部分就会被继承和发扬。例如，欧洲中世纪大学的校、院制一直被现代大学所采用，还有其学位制也一直沿袭至今。

（3）高校教育教学管理的技术性

高校教育教学管理使用的技术和方法一般不受社会制度不同的影响，各国都可以相互借鉴、学习，如计算机用于高校教育教学管理等。

2.高校教育教学管理的社会属性

高校教育教学管理的社会属性包含两层含义。

（1）高校教育教学管理具有历史继承性

在人类创造历史的过程中，由于社会及自然环境不同，形成的各种地域文化在高校教育教学管理活动中留下了深深的烙印。这些"印记"在高校教育教学管理思想和管理信条上表现为不能超越一定的社会文化形态和社会心理状态，具有"同源文化"的国家

和地区,在高校教育教学管理思想和管理哲学上具有很大的相似性,而"非同源文化"中所产生的高校教育教学管理思想和管理哲学就存在明显的差异。

(2)高校教育教学管理具有政治性

因为高校教育教学管理是与权力关系联系在一起的,高等教育的体制和有些制度、政策总是社会制度和政策的一部分。高校教育教学管理也只能在一定的社会历史条件下和一定的社会关系中进行,生产关系的性质不同,生产劳动的组合要素、结合方式不同,管理的社会性质也不同。

高等教育体制、管理政策总是执行和巩固一定的生产关系,以此实现高等教育目的。比如,以人为本的管理思想正是这一特性的体现。

自然属性和社会属性是高校教育教学管理活动本身所具有的两种属性,两者处于矛盾统一体中。这两种属性统一于计划、组织、指挥、协调、控制等管理职能上,根本上统一于高校教育教学管理效益中。

(二)封闭性与开放性相统一的规律

高校教育教学管理的封闭性,是指在管理过程中,根据高校教育教学管理的特殊矛盾而在系统内部自我运转和良性循环的性质;高校教育教学管理的开放性是指在管理过程中,根据高校教育教学管理的特殊矛盾而在高校教育教学系统与外界环境相互联系、互相作用中实现物质、能量、信息交换的性质。高校教育教学系统的"存在"和"发展","必然"和"偶然"的矛盾统一是高校教育教学管理封闭性与开放性矛盾统一规律的两种典型的表现形式。高校教育教学的发展理论、权变理论和开放系统学说,都是以遵循这一规律为前提的。

1.高校教育教学管理的封闭性

在高校教育教学系统内部,无论进行什么高校教育教学管理工作,首要的前提都是在相对独立、完整的高校教育教学系统内部,按照该系统的特定目标而进行优化组合,即在高校教育教学系统"投入、加工、产出"的过程中构成一个相对封闭的系统。没有封闭性,该系统就没有相对稳定的环境,任何对高校教育教学系统的分析及高校教育教学管理活动过程都不可能存在。这种封闭性是一种客观存在,是更好地实现高校教育教学管理的必然要求。完全封闭的高校教育教学系统是不存在的,因为完全封闭就意味着与环境不进行任何物质、能量、信息的交换,这样的系统必然走向消亡,所以高校教育教学系统和高校教育教学管理的封闭性具有相对性。

2.高校教育教学管理的开放性

高校教育教学系统,一方面受外界环境的制约和影响,另一方面又对环境施加影响,两者之间存在着物质、能量、信息的交换,这决定了高校教育教学管理具有开放性。这是实现高校教育教学系统整体特性功能目标的需要,是实现高校教育教学管理高效益的需要,也是该系统存在和发展的物质基础和基本条件。

3.高校教育教学管理的封闭性和开放性既对立又统一

(1)高校教育教学管理的封闭性和开放性是相对的

高校教育教学管理封闭性的重点是强调高校教育教学管理系统目前的"存在",而只将人力、物力、财力放在"存在"上,会影响发展,失去取得更大效益的机会。高校教育教学管理的开放性则强调在高校教育教学管理系统的发展上,过分注意该系统效益的最优化,忽视系统"存在",会动摇高校教育教学管理系统的"存在"基础。

(2)高校教育教学管理的封闭性和开放性又是统一的

高校教育教学管理的封闭是相对的封闭,是包含开放的封闭,并在开放的封闭中实现自身的优化和发展。高校教育教学管理的开放是在一定存在基础上的开放,这种开放只有依存于相对独立的、完整的高校教育教学管理系统,才能和社会环境进行物质、能量和信息的交流,从而建立起新的更能适应社会发展需要的高校教育教学管理系统。

(三)学术管理与行政管理相统一的规律

在高校教育教学管理中处处离不开行政管理,如制定高等教育的规划,对人、财、物等资源进行分配和调控,对计划的执行进行检查督促,协调高校教育教学系统中的各方面使其正常运转等。但在高校教育教学管理中,学术管理也很重要,学术水平的高低、学术管理的成功与否,对高校教育教学管理的水平及其发展有重大影响。因此,在高校教育教学管理中必须坚持学术管理与行政管理的统一。学术管理与行政管理的不同点主要表现在以下三个方面:

1.指导原则不同

学术管理中要坚持学术自由的原则,提倡百家争鸣,这是学术繁荣的基本条件。学术上的分歧要通过开展充分自由的讨论取得共识,不能由某个权威人物说了算,也不能采取少数服从多数,即所谓的学术民主方法。学术问题只能用学术标准评判,强调科学性,要用科学实验和论证、调查研究、同行专家评估的方法,而不能采用行政管理中行政决断的方法。行政管理中由于存在抓住机遇的问题,所以强调少数服从多数的原则,适时作出决断。但行政管理的重大决策,也要考虑其科学性、合理性,同时更强调要从实际出发,要考虑其可行性,考虑它会产生什么影响和效果。

2.采用方法不同

在学术管理中,要根据不同学科专业的特点采用不同的方法。由于学科、专业、任务的不同,所运用的方法也就不同。因此,学术管理不能采用统一的模式,应该采用多样化的管理方式。管理文科和理科的方法不一样,管理专业课和基础课的方法也不相同。行政管理则强调统一，由于它强调从全局出发，发挥高等教育的整体功能，因此往往用集中划一的方式，用政策法令、规章制度等统一和协调高校教育教学管理的各方面工作。

3.管理程序不同

学术事务的管理是依靠教授专家实行民主管理。在西方大学中，学科发展方向的选择、学术规则的制定、学术梯队的配置，甚至包括教学研究人员的选聘等问题的决策管理，都由教授讨论会决定。在我国很多高等学校，学术事务管理上的决策，也都让教授参与讨论。行政管理是贯彻执行上级指示和领导工作意图，是一种"科层式"管理，强调下级服从上级，从上到下逐级指挥和布置，层层贯彻执行。

高校教育教学管理中学术管理与行政管理虽然有上述这些不同的特点，但只是相对的，学术管理与行政管理往往是交织在一起的，很难截然分开。特别是随着高等教育的普及化，高等学校规模的扩大和内部结构的日益复杂，增加了高校教育教学管理的难度，从而促使学校不断强化行政管理。在高校教育教学管理中，要更加注意根据学术管理与行政管理的不同特点，采用不同的方法进行管理，并尽量协调好两者之间的关系，决不能用行政管理代替学术管理。

（四）过程管理和目标管理相统一的规律

探索管理活动的过程是管理科学的核心问题之一。管理过程是为实现管理目标执行一系列管理职能的动态过程和环节。管理活动按一定的程序，行使其基本职能，形成有序的管理过程和环节，才能顺利地实现管理目标。如果对管理过程缺乏综合分析，就难以揭示各部分管理工作的内在联系。

1.过程管理

高校教育教学管理过程可以归纳为计划、执行、检查、总结4个环节。

（1）"计划"是起始环节，统领整个管理过程

计划环节包括确定目标、制定计划、选择决策、拟定行动方案等。制定计划最主要的内容是确定管理目标。

（2）"执行"是使计划付诸实施

执行环节是管理者在管理过程中实施组织、指挥、协调、控制等一系列管理职能，其内容包括建立机构，完善制度，组织人力、物力，指挥行动，协调关系，教育鼓励等。通过这些手段，协调人、财、物等各种要素的相互关系，使其效能充分显示出来，从而实现计划，达到既定的目标。

（3）"检查"是对执行的监督和加强

检查环节和执行环节是结合在一起的，不是分阶段的。检查环节主要是实施管理的

控制职能，其重要内容是建立反馈渠道和机构，及时提供反馈信息，以保证实现计划所规定的目标。检查还能检验计划的正确程度，必要时采取追踪决策，调整计划，修改或补充执行措施。

(4)"总结"是终结环节

这一环节是对计划、执行、检查这3个环节的总检验，是用计划目标作为尺度对管理的全过程进行总评价，也为制定新的计划提供依据，起着承前启后的作用。

由此可见，管理目标统帅管理全过程，过程的各个环节都是为实现管理目标服务的。高校教育教学管理者在管理过程中，一定要保持清醒的头脑，时刻不忘管理目标，一切为实现管理目标而奋斗，如果成天忙于事务，把手段当成目标，那就会迷失方向。

2. 目标管理

目标管理是运用目标指导管理过程的一种管理方法。其内容包括：由管理者和被管理者根据组织的任务共同确定管理目标，包括把总目标分解为部门目标和成员的个人目标。动员全体成员自觉地为实现各自的目标而努力工作。用管理目标检查工作的进度并评估工作的成效，根据成果实施奖惩。

高校教育教学管理过程还有难以控制的特点，原因有以下几点：

(1) 学校教育工作的周期性长

管理效能具有滞后性，它的社会效益要在若干年以后才能显现出来。

(2) 教师工作决定了其工作方式大多是个体劳动

高校教育教学管理过程具有很大的独立性，不像工厂生产需按工序进行严格的分工。

(3) 高等学校的"产品"（学生）很难定型化、标准化

培养学生的质量无法检验，学生的性格、思想、能力存在差别，在管理过程中要注意因材施教，这也增加了控制的难度。

因此，高校教育教学管理要把过程管理和目标管理结合起来。

(五) 管理与服务相统一的规律

一般来讲，管理具有两方面的职能，一是协调和控制生产关系的职能，二是组织生产的职能，即管理与服务。两者虽有区别，但又密切联系，相互促进，是辩证统一的。服务工作做得好，有利于加强管理，而科学有效的管理本身就是很好的服务。

在高校教育教学管理中，必须注意根据高等教育的特点，处理好管理和服务的关系。要想正确处理两者的关系，关键是正确对待教育工作者，特别是高等学校中的教师。高校教师既是主要的管理对象，又是主要的服务对象。在高校中必须充分理解和尊重教师，要尊重他们的人格和个性，理解他们的劳动方式和思维习惯等，对他们的业务成绩要合理评价、充分肯定。

在高校教育教学管理中，在处理管理和服务的关系时，需兼顾上级领导机关和群众

的建议。校等教育教学管理事业的发展，要依靠广大师生，从实际出发解决问题，只向上级负责，看不到群众，会挫伤教师的积极性，不利于高校教育教学管理工作的开展。

二、新时期高校教育教学管理的原则

（一）高校教育教学管理原则的确立

原则是人们对客观规律的认识和反映，是指导人们观察和处理问题的准则。由于规律具有不以人的意志为转移的客观性，因此作为客观规律反映的原则也应该具有一定的客观性。任何管理活动，总是自觉或不自觉地遵循着某种原则，这就是管理原则。为了使管理活动有效，管理原则必须符合客观规律，并且随着社会的变化而发展。

高校教育教学管理原则是从事高校教育教学管理时应遵循的管理准则和基本要求。它是从高校教育教学管理的实践活动中总结提炼出来的，反映了高校教育教学管理活动的特殊性规律和特点。确立高校教育教学管理原则，既要借鉴现代管理的一般理论，又要充分考虑高校教育教学管理的特殊背景；既要追求理论上的相对完备，又要强调对实际工作的指导意义。尤其要分析各原则在多大程度上涵盖整个高校教育教学管理领域，从而给高校教育教学管理原则以科学、客观的定位。因此，可以从以下几个方面分析高校教育教学管理原则的确立：

1. 一般管理客观规律与高校教育教学管理客观规律

管理存在自身的规律，管理活动必须遵循这些规律。一般管理活动的规律就是管理各基本要素之间内在本质的联系和管理过程的逻辑关系。现代行政管理学的理论和方法就是对行政管理活动一般规律的认识和反映。行政管理思想经历了工业管理、人际关系、结构主义等发展阶段。教育教学管理在不同场合、不同程度上借鉴了行政管理思想。例如，人际关系理论注意到员工的积极参与、满意度、合作以及士气与团体的凝聚力，会影响生产效率。这种思想也影响到教育行政管理人员寻找方法提高教师和学生的积极性和主动性，以期最大限度地发挥他们的创造力。

虽然一般的管理理论与方法对高校教育教学管理原则的确立有一定的借鉴意义，但管理活动不能脱离事物本身的发展规律，因此按照高等教育规律的要求，协调高校教育教学活动中的各种关系是非常必要的，以保证高校教育教学目标和任务的实现。认识和掌握高等教育的客观规律，是确立高校教育教学管理原则的客观依据。高等教育的一般规律包括两个方面：一是高等教育与社会协调发展的规律，二是高等教育与受教育者身心全面发展相适应的规律。高校教育教学管理原则必须以这两个规律为前提，才能避免高校教育教学管理与高等教育工作者之间的对立和冲突，最终提高管理效益。

与一般的管理活动相比，高等教育活动存在一些特殊规律，它们构成了这门学科研究领域。例如,经济效益与社会效益的关系、人才培养与科学研究的关系、学术管理与行政管理的关系等。高校教育教学管理原则的确定与人们对这些特殊规律的认同密切相关。如果把外国管理著作中的理论套用到我国高校教育教学管理实践中,或是生搬硬套经济领域的管理理论和原则,就会脱离高等教育的特点和规律。

2. 高校教育教学管理活动的特殊性

人作为管理对象的核心,高等学校与工厂所管理的人全然不同。工厂管理者面对的是工人,工人生产的是没有意识的物品;高校教育教学管理者面对的是教师和学生。教师既是管理对象又是管理者,他们面对的是有意识的学生。学生既接受教师的塑造,又参与自身塑造,从某种意义上说,学生也是管理者。因此,高校教育教学管理要充分调动教师和学生的积极性和主动性,并为他们创造有利于独立思考、自由发挥的条件和环境。

同时,由于教师和学生都是脑力劳动者,高校教育教学管理过程以知识为媒介,存在大量的学术问题,因此要注意行政管理与学术管理的统一。这也是高校教育教学管理的特殊性。

3. 高校教育教学管理原则的系统性

教育教学管理原则不应是随机的、零散的,而应构成一个系统,具有整体性、目的性和关联性。

高校教育教学管理原则体系的整体性在于,各原则围绕怎样提高高校教育教学管理效率这一目标结合为一体,没有一条原则能脱离原则体系整体而单独存在。只有存在于原则体系中,每一条原则才有它的功能。而且原则体系的功能是以整体功能而论,不以某一条原则的功能而论,原则体系的整体功能不等同于各条原则功能的简单相加。各条原则只有在原则体系整体功能目标,即提高高校教育教学管理效率的指导下,以合理的方式相互联系在一起并充分发挥各自功能,才能保证原则体系整体功能的实现。高校教育教学管理原则体系的目的性在于,利用原则指导具体的高校教育教学管理实践活动,使管理活动更符合客观规律,从而提高高校教育教学管理效率。高校教育教学管理原则体系的关联性是指涉及高校教育教学管理过程的各条原则应该相互依存、相互补充、相互制约。

(二)高校教育教学管理的基本原则

高校教育教学管理的基本原则一般是依据管理学原理提出的,适用于高校教育教学管理领域。这些原则必须全面、准确地反映高校教育教学管理活动的特点、本质与规律;它们在理论上是完备的,在实际工作中又是切实可行的,能覆盖整个高校教育教学管理活动领域,普遍有效地指导高校教育教学管理实践活动。根据上面对高校教育教学管理原则确立的依据分析，高校教育教学管理基本原则体系应该包括以下四个方面：

1. 高校教育教学管理的方向性原则

管理是一种有目的的活动，管理工作必然需要方向。管理成效的大小，首先取决于方向是否正确。任何管理都是为实现一定的管理目标。管理目标是管理活动的前提，体现管理的方向。教育是培养人的社会活动，就其本质来说，教育必须与一定的政治、经济相适应，并为其服务。不论什么社会性质的高等教育，培养什么样的人都是一个根本问题，它是高等教育目标的核心，集中体现了高校教育教学管理的方向。

新时期党和国家的教育方针是：教育必须为社会主义现代化建设服务，与生产劳动相结合，使受教育者成为德、智、体、美、劳等方面全面发展的社会主义建设者和接班人。这一方针明确规定了我国高等教育政治方向和服务方向、教育目的和实现教育目的的基本途径。

（1）要坚持社会主义的政治方向

社会主义的高等教育，必须坚持社会主义的政治方向。教育是具有阶级性的，任何一种社会制度都要以它的意识形态教育和影响学生。高校教育教学管理必然受一定的生产关系和国家的政治经济制度的制约，有鲜明的阶级性。

我国作为社会主义国家，要求高等教育必须以社会主义意识形态教育和影响学生，为社会主义建设培养具有坚定政治方向的建设者和接班人。我国的高等教育要为社会主义服务，坚持社会主义的政治方向。如果不首先明确我国高等教育的社会主义性质，那就谈不上有正确的办学方向。坚持社会主义的政治方向，要有现实针对性。随着信息技术的发展，发达资本主义国家凭借技术优势，作为主要的信息输出国，控制全球信息与通信的命脉，其音乐、电影、电视与软件几乎遍及全球。它们影响着几乎所有国家的审美观、日常生活和思想。因此，要特别注意西方意识形态的渗透，注意国外敌对势力利用各种机会对我国施行"西化""分化"的阴谋，坚持高校教育教学管理的社会主义政治方向。

（2）要坚持为社会主义经济建设服务

高等教育要坚持社会主义政治方向，同时要服务于经济建设这个中心，主动适应经济和社会发展的需要。这两个角度规定了高等教育的办学方向，各有侧重，相辅相成，两者并不矛盾。

政治方向是从高等教育的社会性质来讲的，服务方向是从高等教育的工作任务和目标来讲的。政治方向规定了服务的社会主义性质，服务方向体现了坚持社会主义政治方向的实际内容。

2. 高校教育教学管理的高效性原则

任何管理活动，其基本目的都是提高组织系统的效率和效益。管理效率和效益的关系，是与管理目标联系在一起的。目标越正确，效率越高，效益越好；管理效益的大小就是在消耗一定的人力、物力、财力和时间等资源的条件下，实现管理目标的好坏。

高校教育教学管理的高效性原则是高等教育教学管理本质的直接体现和具体化。它要求以最少的高等教育资源投入，培养更多的高级专门人才和取得高水平研究成果。或者说，培养和提供一定数量的合格人才和研究成果，投入的高等教育资源最少。

高等教育所产生的效益是多方面的，它既是生产力发展的促进因素，又是巩固政治统治和建设精神文明不可或缺的手段，还是社会得以延续和发展的重要保证。这些主要体现在提高劳动者素质和培养人才的数量和质量方面。同时，高等教育在发展科学技术文化方面的作用也是十分重要的。

高等教育是需要大量投入的事业，而发展高等教育的资源是有限的，既受社会经济发展水平的制约，也受社会政治制度、管理体制和人们教育观念的制约。因此，高校教育教学管理既要注重经济效益，即以较少的投入培养更多的人才，注意节省人力、物力和财力，更要注重精神效益、社会效益，即坚持办学的政治方向，全面提高高等教育的质量。

3.高校教育教学管理的整体性原则

高校教育教学管理整体性原则既取决于高等教育系统的整体性，又受制于培养高级专业人才的高等教育目的。高校教育教学管理的整体性原则可表述为，以培养人才为中心，科学地组织各方面工作，并充分考虑社会环境中诸因素的影响。

高等教育的根本任务是培养人才。培养人才不仅要组织好教学工作，还必须有思想教育工作、师资培养工作、科学研究工作、后勤管理工作等与之配合。除了培养人才的职能以外，高等学校还有开展科学研究的职能和直接为社会服务的职能。高校教育教学管理的目标和内容，不是单一的教育、教学活动的管理，而是包括教育、科学研究和直接为社会服务等活动的综合管理。培养人才、开展科学研究和为社会服务，都与社会系统紧密相关，都必须与社会经济、政治、科学文化相适应，因此必须把高校教育教学管理放在整个社会环境中考虑。

（1）高校教育教学管理要以培养人才为中心

各方面活动的开展都要服从于培养人才这个首要任务。

就政府对高等教育的宏观管理来说，首先要做好培养人才的决策和宏观控制，包括人才培养的预测规划、总体规模、发展速度、结构布局等，以及通过组织、计划、协调、立法、拨款、检查评估等手段，保证人才培养的数量和质量。

就高等学校的管理来说，各部门的工作都要面向学生，教学和思想教育工作要遵循人才成长规律，科研、生产工作要与教学工作结合，后勤工作要为教学和科研服务，而不能各自为政，各行其是。

（2）要处理好教学和科研的关系，使两者相互结合相互促进

教学是高等学校培养人才的主要方式和基本途径。但是，不能把教学工作仅理解为课堂讲授。教学活动既包括通过课堂讲授使学生学到间接知识，也包括指导学生获得直接知识和掌握学习方法。因此，教学是传授知识、发展智力、培养能力和形成良好思想品德的综合过程。科学研究是培养人才的重要途径，把科学研究引入教学过程是高等学校教学的一个重要特点，它能给学生创造全面发展智能的环境和条件。

学生通过参加科学研究能够有目的地、主动地学习，获取完成研究任务所需要的理论知识；进行积极思维，在实践中发展各方面的能力，培养创新精神；养成严谨的治学态度、踏实的工作作风和团结合作的精神；促进师生之间教与学两方面的信息交流，使教师对学生了解得更深入、更具体，有利于实行因材施教，更好地发挥学生的主观能动性。

开展科学研究还能够提高高等学校教师的学术水平，充实教学内容，改进教学方法，使教学质量不断提高。因此，不应该把科学研究和教学对立起来，而应该使两者互相结合，互相促进。高等学校传授给学生的知识，是对前人实践经验的系统总结。科学研究正是在已有知识的基础上探索和总结新的知识，进一步加深对客观世界规律性的认识。因此，从人们的认识活动来讲，只有开展科学研究，把生产实践和科学实验的成果总结成各种理论体系，使人们不断地获得新的知识和能力，才能进行各门学科和专业的教学。

从这个意义来讲，科学研究是"源"，教学是"流"，科学研究总是走在教学的前面。在教学中给学生讲授的理论知识，并不需要也不应该要求教师都通过自己的研究实践进行总结和积累。但是，现代科学技术的发展日新月异，高等学校的教师如果不进行科学研究，及时了解和掌握本门学科和相关学科的最新动态和发展趋向，而仅停留于传授现成的书本知识，那就不可能培养出适应现代科学技术发展和现代化建设需要的合格人才。

（3）发展科学技术文化，是高等学校的重要任务

随着现代科学技术日新月异发展，高科技向现代生产力转化越来越快，高新技术产业在整个经济中的比重不断提高，科技在经济发展中的作用越来越大。21世纪是高新技术迅速发展的新时代，我国改革开放和现代化建设进入承前启后、继往开来的关键时期，国家的经济建设和社会发展比以往任何时候都要更加倚重于科技进步。在这种形势下，高等学校特别是重点大学的科学研究工作更应大大加强。

（4）直接为社会服务也是现代高等学校的一项重要社会职能

高等学校培养人才、开展科学研究、为社会服务这三项职能是互相联系、相辅相成的。开展各种形式的社会服务，有利于加强学习与社会的联系，增进对社会需求的了解，增强主动适应经济发展和社会发展需要的能力；有利于高等学校的教学更好地理论联系

实际，培养锻炼学生解决实际问题的能力，提高教学质量。

因此，要处理好培养人才与直接为社会服务的关系，必须统筹兼顾，加强管理，调动各方面的积极性，特别是在教学第一线工作的教师的积极性。

4.高校教育教学管理的动态性原则

任何事物都是处于不断变革之中的。管理过程是一个不断发展变化的动态过程。管理对象内部要素和外部环境都是不断发展变化的，它们之间的关系也在不断变化发展。因此，管理过程的实质，就是根据管理对象和条件的变化发展，对其相互关系作出相应的调整，以实现整体目标。

管理活动与管理对象、管理环境之间有着本质的、必然的联系。高校教育教学管理过程中要完成的任务、组织的结构、用来完成任务的技术和参与的人员都处于动态之中。

高等教育活动必须按照管理的基本原理和原则进行，保持管理的相对稳定和应有的秩序。

高校教育集中管理的对象、内容、方式、手段都在变化之中，要求运用高校教育教学管理原则时要有灵活性。

高校教育教学管理的动态性非常明显。随着现代科学技术的发展，社会对高等教育的需求在不断变化，社会对高等教育提出的要求也在不断变化。高等教育要为社会服务，必须主动提高适应经济和社会发展需要的能力。这就要求高等教育必须不断改革、创新。高等教育体制改革的目标，就是逐步建立使学校具有主动适应国民经济和社会发展需要的有效机制。就高等学校本身来说，学生每年有进有出，教师队伍也需要适时补充和调整，教学和科研的设备也要不断更新。经济体制改革、政治体制改革和科技体制改革的深化，对高等学校不断提出新要求。

因此，高校教育教学管理的动态性原则可表述为，通过不断的改革以主动适应经济和社会发展的需要。动态性原则要求人们做到以下几点：

（1）以发展的战略眼光看问题

任何事物都不是静止不变的。只有改革才能促进教育发展，教育要发展则必须不断地变革。

（2）处理好变革与稳定的关系

在变革的同时，要继承高等教育合理的内核，既不能墨守成规、抱残守缺，坚持既成的体制和维持现状，也不能全盘否定以往的经验。

（3）要注意不能朝令夕改

高校教育教学管理的动态性，从根本上讲，是由高等教育必须与社会的政治、经济、科技、文化的要求相适应这一基本规律决定的。由于社会是不断发展的，高等教育也必须随着社会的政治、经济、科技的发展不断地改革，以适应社会发展的需要。面对高校教育教学管理对象和外部条件的这些变化，管理工作中不断出现的新情况，需要不断地总结新经验，解决新问题。尤其在高等教育改革方面要持慎重的态度。

以上四条高校教育教学管理的基本原则，是普遍适用的。方向性原则反映了我国高校教育教学管理的性质，从根本上确立了社会主义高等教育发展的大方向，规范了高等教育的培养目标；高效性原则指出了管理工作的本质特点和根本要求；整体性原则反映了管理工作的基本要求；动态性原则指出完善管理工作的根本途径。它们相互制约、相互促进，共同指导高校教育教学管理的全部活动，构成了一个相对完整的原则体系。在实际工作中，贯彻这些原则是紧密联系、相辅相成的。

第二章 高校教育教学管理的理念

第一节 坚持创新理念

创新是指改变旧制度、旧事务，对旧的生产关系、上层建筑作出局部或者根本性的调整变动，所以创新就是改进不好的，改正错误的、不合理的。创新需要清晰的价值和目标，即明确创新理念，它关系到创新的出发点和前进方向。

一、统筹理念

我国高等教育的物质载体是大学，大学的根本属性是我国事业单位，这种公益属性不会发生改变。党委领导下的校长负责制作为我国大学的领导制度，是一种"党政结合"的领导方式。党委领导作为大学政治权力的集中体现，具有全局性特征，党委在大学内部治理过程中的意见综合和宏观决策作用不可或缺。

统筹作为一个由数学衍生出的系统科学概念，主要强调的是针对一个事物发展或行为执行过程中涵盖的规划、引导、服务和扶持的完整的过程体系。统筹全局能力就是站在事物全局的角度统筹思考，洞察事物，工作谋划，整合协调，总的来说就是服务全局的能力。不顾此失彼，不因小失大，兼顾和协调全局各方面利益，使整体协调，布局合理，利益得当，人文和谐，思想协同，工作得力。那么政府对高等教育的统筹也就可以围绕这一概念展开，具体包括统筹规划、统筹引导、统筹服务和统筹扶持。

（一）统筹规划

统筹规划是对高等教育发展的速度、规模、质量、结构进行宏观管理，促进管、办、评分离，形成政事分开、权责明确、统筹协调、规范有序的管理体制。对学校布局、学科专业设置、学位授予点和继续教育进行规划。统筹研究生教育、本科教育、高等职业教育和高等继续教育，构建层次分明、类型多样、特色鲜明、充满活力的高等教育体系。

推动高等教育内涵式发展是基于高等教育发展的新的指导方针，是"办好人民满意的教育"的坚实基础，是"全面实施素质教育，深化教育领域综合创新，着力提高教育质量，培养学生创新精神"的最好保障，是"立德树人"，培养德智体美全面发展的社会主义建设者和接班人的关键举措。所谓内涵式发展，就是以师生身心发展为基础，摒弃高校传统追求规模、数量的粗放式发展模式，着眼于效益与质量的创新型发展道路。效益、质量与创新三位一体，其核心是实现内涵发展，重点是学科建设和制度建设，其动力源于深化创新，其保障是和谐校园建设。

（二）统筹引导

建立高校学科分类建设体系，实行学术发展分类管理；创新高校人才培养模式，提高高校人才培养质量和深度；加大对高校学术的监督和审查；统筹推进各级各类高等教育协调发展；协调发展高等教育城乡、不同区域间教育；统筹编制符合要求和国情的高等教育办学资质、教师引进、招生质量等多项标准。

（三）统筹服务

深化高校教育综合创新，推动教育事业科学发展，必须以"三个满意"为出发点和落脚点，在关心国家命运、服务国家战略上有所作为，让党和国家满意；在勇担社会责任、满足社会对创新高等教育不断提高的要求上有所进步，让广大人民群众满意；在坚持以人为本，实现、维护、发展好学校广大师生员工根本利益上有所建树，让广大师生员工满意。引进国际创新教育资源，提高中外合作办学水平。

（四）统筹扶持

落实扩大高等教育办学自主权，完善我国特色现代大学制度和教育惩治和预防腐败体系；统筹健全以政府财政支持为主、社会捐助资助教育经费、有限度自主探索高等教育市场化稳定增长的机制；建立地方政府所属高校的教育职责评价制度，探索建立政府督导高校机构职责运转的机制；建立起功能明确、治理完善、运行高效、监督有力的管理体制和运行机制。

管理体制和运行机制的重大变革涉及法律制度、组织架构、权责划分、运行规则和利益调整等诸多方面，内涵十分丰富，这都需政府统筹来部署和实施。例如，需要政府统筹协调政治体制创新和市场经济体制创新，使我国高等教育管理创新与政事分开、管办分离和转变政府职能等其他政治、经济、文化、社会创新密切联系，相互影响，逐步推进。

二、参与理念

我国高等教育从建国初期的"精英"教育走向"大众"教育，是随着我国政治、经济、文化和社会环境变化不断适应的发展历程，是我国政治体制创新不断深入的体现，是社会主义市场经济创新深入人心的要求，是社会开放文明的自我需求，是我国文化传承自我提升的动力源泉。

社会参与高校教育教学管理创新的必要性主要有以下几方面：首先，从高校的系统性和开放性来看，高等教育作为一个要生存和发展的系统，不可能封闭自我。高校需要汲取自身生存发展所需要的物质资源、人力资源和财务资源，无法忽视与社会普遍联系的客观事实。其次，经济和社会生活方式的重大变革使高等教育的普及化普及程度不断加大，继续教育、职业教育等终身学习教育制度不断深入人心，极大地刺激了社会参与高等教育的意识。再次，激烈的市场竞争环境下，对人才的需求和竞争成为市场生存的不二法则。市场竞争主体，例如企业已经以极大的热情加强与高校的合作，参与到高等教育的具体实践中，招揽满足自身需求的合格人才。最后，高校自主化办学带来的就业压力和经费支出以及后勤社会化等创新也需要得到社会的支持和帮助。总之，高校接纳社会各方面参与自身管理是必要且可行的。

社会参与高校教育教学管理的内容主要包括：一是社会参与高校决策。高校教育教学管理需要吸纳更多智慧和力量，确保高校的决策体制、运行方式、机构设置等内部事宜得到民主、科学的监督、反馈和建议，社会参与的重要性不言而喻。二是市场权力对高校权力的影响和制约使社会参与高校教育教学管理的具体事务越来越深入。高校的专业、课程设置不断重视市场需求，就业市场要求高校教育教学管理贴近社会现实，高校内部事务信息公开，等等。三是高校的社会服务功能使社会参与高校教学科研等高端领域。高校与企业的合作正是社会参与的表现。我国高等教育创新是系统工程，能否在市场经济大潮中接受社会检验是创新成败的关键。我国高校要认清现实发展要求，提高社会服务功能，树立社会服务意识，把社会参与作为自身管理创新的重要内容，实现科技成果转化，提高社会知名度和权威性，满足社会需要的创新目标。高等教育的需求多样性、高等教育走向社会中心以及高校教育经费来源的渠道多元化要求社会参与，这不仅是高等教育发展的共同趋势，还是实现高等教育内部管理制度完善的重要保证。

三、公共利益理念

公共利益是指公众的、与公众有关的或为公众的、公用的需要的利益。根据《公共政策词典》（E.R.克鲁斯克、B.M.杰克逊，1992）的界定，公共利益是指国家和社会占绝对地位的集体利益而不是某个狭隘或专门行业的利益。《中华人民共和国教育法》第八条规定"教育活动必须符合国家和社会公共利益"。公共利益产生于人与人之间的社会联系，是公民个人利益最终的价值取向，代表着长远的、共同的、整体的个人利益。高等教育的利益主体可以分为国家利益、团体利益和个人利益。国家利益是指国家从高等教育的发展中获得的人才培养、科技技能输出的政治利益。团体利益是指高校的各种权利主体在博弈过程中获得的权利利益。个人利益是指参与高校教育过程和活动中的个体获得的参与权、保障权和结果权的权利利益。这三种利益主体是基本利益和直接利益，如何协调利益冲突和分歧，寻求整体利益最大化，是公共利益取向的理念所在。

公共利益正当性的基础是以一定社会群体存在和发展为前提的，公民的受教育权是公民的基本权利之一。因此，保障公民的受教育权利成为公共利益取向的共性特征。高等教育的社会服务职能是公共利益至上理念的具体体现，这需要由国家法律作为保障，例如《中华人民共和国宪法》《国家中长期教育改革和发展规划纲要》《高等教育法》等。高等教育作为公众受教育权利的组成部分，已经从"精英"教育转变为"大众"教育，受教育群体的数量、受教育群体的文化程度已经具有社会普及性和公民自主性走向，因此高等教育创新的公共利益取向能够满足国家利益和个人利益的诉求。高等教育的受教群体不因年龄、性别、民族、肤色、国籍、经济状况、家庭出身等因素而影响知识的获取和传播，其所享受机会均等无差异。高等教育需要在生产知识、科技和人力资本过程中增效，实现教育产业化，进一步改善教学环境，增加教育奖学金的投入和贫困生补贴力度，促进高等教育事业的公平和正义。

高校教育教学管理创新涉及社会公共资源和经费的使用和调配，影响到社会成员的共同利益，创新的成果需要全社会共享。高等教育创新的公益性具有公共性、社会性及整体性，包含国家层面的经济利益、政治利益、文化利益、文明利益，也包括社会层面的经济利益、文化利益、政治利益，还包括个人层面的物质利益和精神利益。追求公共利益是高校教育教学管理创新的核心价值理念，是我国特色社会主义高校创新的前提，是调和权利主体追求共同目标的指导原则。

四、质量至上理念

高等教育创新理念是与时俱进的时代产物，其中质量至上的学习理念是源于首次世界高等教育大会的两份重要文件，作为其中的核心理念，联合国教科文组织认为高等教育质量是多层面的概念。概念涵盖了两方面内容，一方面是"层次"的问题，指的是高等教育质量是多层次的质量的统一体；另一方面是"方面"的问题，指的是高校教育质量是多方面的质量的综合体。

高等教育按系统类型通常被划分为研究型高校、教学型高校、教学研究型高校和高职高专高校。每个层次的高校所追求的质量标准和人才培养方式以及学习理念都是有差别的，这种差别本来是基于学科、专业、学术自身特点而形成的不同的质量要求。随着高校社会资源的有限性分配和政府资源集中性支配的模式演变，我国高校分门别类的层次出现了雷同化和趋同化特征，高等教育质量的层次差异化被高校自身建设发展所消弭。但社会发展过程中的社会分工和资源专属性越来越明显，对高等教育质量层次的需求被极大地放大，高等教育质量层次化不明朗造成了高校就业环境恶化。解决高等教育质量层次化发展的途径除了政府统筹外，更重要的是高校自身定位。高校历史积淀文化内涵，文化内涵塑造高校人文，高校人文成就高校精神。高校教育创新中的按教育规律办学就是对高校文化传承和高校人文环境自主办学的认可。高校教育多方面质量包括学生的质量、师资水平，还包括图书馆的利用率、学术讲座的质量水平、学校后勤质量服务状况以及学术环境的自由民主氛围，等等。

这就需要高校树立质量至上的学习理念，从教学目的、师生角色、教学内容、教学模式、教学方法、考试方法、教学观等多方面进行改进。例如，提升学生的社会责任层次，注重决策观念和技能培养；以学生为本，重视知识的接受和应用及主观能动性发挥；发挥学生主体学习地位，主动探索学习兴趣和努力方向；加强教学内容的基础性，提高教学内容的深度和广度；发展学生个性，激发学生的发散性思维和创造性思维；激励合理竞争，活化教学方法，注重社会实践；拓宽学科的社会研究对象，关注科学前沿知识，开阔学生眼界，提高学生驾驭知识能力，用质的提升应对量的增加。

第二节　把握职能定位

高校是实施高等教育的社会组织，主要功能是做学问、传授知识和服务社会。结合我国悠久历史文化传统的特殊需要，我国大学具有"人才培养、科学研究、社会服务、文化传承创新"四项基本职能。从四项基本职能中可以归纳出教书育人是目的，科研输出是手段，个性发展是理念，服务行政是模式。

一、突出育人

高等教育承担着人才培养、科学研究、服务社会、文化传承创新四大职能任务。推动高等教育内涵式发展首先需要处理好人才培养与科学研究的关系。人才培养是高等教育的根本使命，在四大职能中居于核心地位，包括科学研究在内的高校一切工作都要服从和服务于学生的成长成才。人才培养培养的是人才素质，包括人格、知识、能力和体质，即"德智体美"。大学的核心功能是培养全面而自由发展的人才，塑造符合我国发展的合格的社会主义建设人才，这是我国高校现代化建设的社会使命和至上原则。实现核心功能的途径便是知识传授，因此可以将二者归纳为教书育人。"大学之道，在明明德，在亲民，在止于至善。"培养专门人才是高等教育的本质特征，要突出创新能力培养，进行科学素养和人文素养的融合，造就全面发展的人才。

首先，建立以学生为服务之本的高校教育质量评价体系，把高等教育的传授重心放在学生身上，从关注学生成长和体验出发，将学生自主学习知识和全方位考察评价授课质量等确定为高等教育教学评估考核的重要内容。培养学生具有开拓精神、竞争能力，具备复合型知识，满足市场经济发展需要。其次，高校教师有必要参与社会实践，加深自身对社会的亲身体验，打破高等教育内部自我封闭的认识局限。高校教师学者的社会需求体验和实践一方面可以提高学者解决实际问题的能力，丰富教学素材，将社会急需技能传授于学生；另一方面可以使学者和学生对社会需求的认知更为切合实际，注重学生创新能力观念、终身教育观念、基本学习能力观念的培养，以及以学生为本的教学创新。再次，高校必须研究社会需要的各级各类各层次人才的素质结构和能力，为人才的社会输出提供品德培养、技能培训、智力保障、素质完善，以实现知识价值的社会转化效能，实现科学技术是第一生产力的理论与实践的无缝对接。

二、注重科研

高等教育的职能是在社会发展需要的基础上形成的，是社会赋予高等教育的任务和职责，是高等教育与社会之间关系的集中体现。《国家中长期科学和技术发展规划纲要（2006-2020年）》明确了科研工作指导方针：自主创新，重点跨越，支撑发展，引领未来。高校作为我国科技创新的生力军，是科研竞争的前沿阵地和国家综合实力展示的重要内容，高校科研输出是确保高校人才培养、社会服务和文化传承职能的重要保证。

高校科研输出的最大化取决于高校科研管理人员的自身素质建设，涵盖知识素质、管理素质、伦理素质和服务素质等，这都需要高校完善的科研培养培训机制作保障，赋予科研管理成果转化享有权，激励科研输出的主动性。科研管理职能在通过社会输出实现科技转化的过程中需要努力实现四个能动，即能动策划、能动组织、能动跟踪和能动管理。强化科研课题设计和项目申报策划，强化科技成果转化和报奖的策划意识，强化科研部门跨学科的创新团队组建，强化社会合作企业的技术成果转化平台推广，强化科技推广的跟踪机制，强化基础研究与应用研究的有效融合。高校需要牢固树立人才培养必须以高水平科学研究为支撑的观念，鼓励教师重点开展有利于提高教学质量、推动理论创新、服务经济社会发展的科学研究，并将研究成果及时转化为教学内容。还要正确处理好科研与教学的关系，树立科研为教学服务、科研和教学为社会服务的意识，提高高校的科研实力，提升学校的知名度和学术的名誉度。

三、坚持个性发展

从本质上讲，大学管理是知识和科技的创造性组织，尤其是在我国高校教育教学管理创新的社会环境形势下，大学管理需要开拓进取的创新精神。只有创新精神才能塑造和铸就具有内涵式发展的高校，从而培育出个性发展的个体和团体。

从个体层面来讲，学生乃至学者，需要保持个人的思想独立、学术自由、民主平等。个性既是个体的整体精神面貌，还是个体独有的心理特征，个性发展是个体独特性、创新性和主体性的实现过程。首先，高校个体要培养理想、健全人格。在个体的短期目标、中长期目标和远大理想树立和实现过程中，应将个人价值、社会价值融于一体，通过高校文化载体和高校学术载体输入和输出，经过高校个体的努力奋斗和高校平台的支撑，树立致力于服务国家和社会的目标。培养集体荣誉感、团结合作精神、努力拼搏意识、热爱生活态度、严谨求知志向、无畏探索倾向、全面发展思路等个性心理特征，培养人文素养、社会责任、道德良知等社会人格要素。其次，高校个体要培养创新意识和创新能力。个性发展是创新精神的基础，创新精神的目的是以人为本，以人为本的核心是个性发展。经过对高校教育知识接触、传授、探索和考究，高校个体结合个体兴趣和喜好，通过对知识真理的探求，势必带来创新活力和创新意识及能力的注入，高校个体的事业心、责任感和使命感便在个性的培养过程中自然而然地形成。再次，高校个体要拓宽眼界、开阔思域。高校个体借助高校知识平台和高等教育交流计划，能够把握世界最先进知识的前沿，了解人类发展困境中的障碍，接受国内外先进思想知识的洗礼，总结归纳个体立志追求的方向，树立个体人生崇高理想的目标。最后，高校个体活力四射、自我约束。高校个体在身心健康发展的同时，应抵御社会思潮的诱惑，完善自我约束，运用年轻活力和创新精神，争取个人价值的实现和社会价值的体现。

从学校层面来讲，高校需要树立自身的教育特色和人文底蕴。一是丰富高校自我精神。挖掘高校的历史文化传统，吸收现代大学的办学理念和思想精华，传承高校精神，明晰高校使命。二是树立高校独特的观念。秉承高校校训，加强每届师生的校史教育，学习高校学术大师、学术大家的人格魅力和开创精神，尊重师德，传承高校先辈的奉献精神和学术追求，强化本校的责任感、荣誉感。三是健全高校文化制度。完善高校大学章程，推行制度创新，将高校精神和高校行为文化融入制度设计中，体现到师生行为中，用制度督导高校文化的自我渗透。四是完善高校标识建设。充分利用高校的校旗、校歌、校徽等文化符号，制定高校标识使用规范，开发设计高校独特的文化产品。例如高校信笺、邮票、台历、纪念品、纪念册、公文样本模板、校务公示样板、高校录取通知书、成绩单和奖励证书等。五是创新高校文化载体。运用高校事务如校庆、运动会、毕业典礼、新生入学等仪式，弘扬高校独特文化内涵。创建高校品牌的学术讲座和高校名家论坛，丰富高校文化内涵建设，通过高校文化载体如图书馆、教学楼、校舍、微信公众号、学生社团等，营造高校全面丰富而又个性鲜明的文化氛围。

四、着眼服务行政

高校"服务行政"是指高校行政权力以高校全体师生员工等高校利益相关者的真实需求为服务风向标，以提供创新满意服务为首要职能，不断完善服务保障制度和服务体系的管理模式。

高校服务行政必须遵循有限性、民主性和高效性原则，树立以人为本的理念，重视高校学术权力的诉求，增强服务意识；通过沟通与协调的民主平等对话机制，致力于高校教育质量发展，促进高校学生的全面发展，紧密联系高校与其他社会组织的交流与合作；设计符合现实需要的行政服务管理制度，将高校自由发展权力归还于高校权力各主体，最终实现行政权力与学术权力关系的有效融合、行政权力与学术权力的相互信任、行政权力与市场权力走向良性互动。

高校服务行政必须协调学术权力与行政权力的相互关系。首先，需要兼顾二者的合理性。学术权力的独立行使是高校学术自由、民主管理、公平公正的根基；行政权力的管理履行是高校管理效率和运行秩序的基本保障。二者只有实现动态平衡和互助共享才能实现我国高校自主发展的目的。其次，二者权力边界需要明确。根据大学章程，建立分工、合作、制约的关系。再次，二者作为高校权力系统的内部构成要件，学术权力作为高校权力的基础，行政权力必须为学术权力服务。最后，高校的政治权力创造组织体制保障和构架，行政权力是"制度性权力"，学术权力是"权威性权力"，行政权力需要通过制度设计确保学术权力应有的地位和权威，实现政治权力的问责协调定位，达到高校内部权力运转的畅通。

第三节 构建权力结构

高等教育管理创新作为一个系统工程，相互制衡的权力结构是该工程不可或缺的子系统之一。对于整个高校教育教学管理的大系统来讲，内部与外部两个环境相互作用。外部环境包含诸多因素，比如国家和政府调控、人民和社会需求等，但在这诸多因素之中，市场是核心和关键。经济体制创新是全面深化创新的重点，核心问题是处理好政府和市场的关系，使市场在资源配置中起决定性作用，同时更好发挥政府作用。

一、市场权力

从历史发展过程来看，市场权力在我国高校发展过程中处于遮蔽状态，主要通过学生报考志愿、报考专业、大学生就业等途径展示市场权力对高校发展的影响力，相对乏力。从历史发展趋势来看，市场权力在我国高校教育教学管理创新过程中发挥着越来越大的软实力作用。比如，逐渐形成了以公办高校为主、社会各界广泛参与、公办学校和民办学校共同发展的我国高校办学体制；我国高校的专业、课程设置不断重视市场需求，公办高校与民办高校的竞争也风生水起，市场经济发展大潮中的经济意识、主权观念、竞争意识、自由精神、宽容态度、平等观念和共赢博弈正在不断上演。市场权力的构成主体宽泛且多元，有国家需要、社会需求、市场需要，也有国际化和全球化过程中的不断要求。市场权力主要通过以下三个方面参与行使：

首先，市场权力要求高校教育服务质量贴近现实需求。我国高校毕业生数量在不断增加，近两年增速略有下降，但总量依旧在持续上涨，毕业生就业压力大已成为不争的事实。学生就业情况严峻，高校的教育质量需要更加适应市场的需求和变化，重视学生参与市场经济活动的能力和条件，摒弃以自我为中心的办学理念和不求上进的教育观念，需要发挥政治权力在我国高校发展中的调控权。其次，市场权力要求创新高等教育服务。随着我国经济发展的不断进步和我国居民家庭支付能力的不断提高，高等教育资源作为最有潜力和最有回报的市场，对外交流的广度与深度正在不断增大。最后，市场权力要求大学信息透明公开。信息公开是把知情权、参与权和监督权结合在一起。伴随着我国政治体制创新的步伐，信息不仅可以保护消费者的消费目的，也可以提高生产者的效益。产品的质量信心可以激励生产者投资于质量改进，进而更好地在市场上参与竞争。我国近年来常有单位或团体发布国内大学排行榜，这种丰富的"消费者导向"排行信息公布，是我国高校的学校声誉、学生保持率、学术研究成果、专业排名等多维度和多指标的权重展示，这些事关高校教育质量信息的大量公开需要我国高校行政权力发挥管理作用和调控作用。

二、政治权力

我国高校构建合理制衡的权力结构，不是简单地剔除国家和政府对高校的控制权，而是为了以党委为代表的政治权力能够找寻适合自身的权力领地，正确发挥高校"举办者"的作用。

首先，明确党对高校的领导地位。高校的政治权力是国家权力在高校中的具体展示，决定着高校发展的基本性质，决定着高校人才的培养目标以及高校人才培养标准等重大课题。其次，确保高校相对独立的办学自主权。要改变全能政府的管理理念和态势，向服务型和有限型职能转变，赋予高校办学自主权，坚守政治权力应尽的权利和义务不越界。最后，创新高校政治权力观念。在公共管理理念盛行的当下，我国高校的政治权力主体——校党委也应顺应时代要求，树立宏观调控理念。校党委将不再以统治者的身份来治理高校，而是充当合作者的身份。由事无巨细的微观管理演变为关注所有权力和权力主体的利益，鼓励教师、管理者、行政人员、学生、学生家长、社会用人单位、校友等人士参与高校治理，广泛吸纳各方利益的代表参与治理机构。政治权力作为高校行政权力、学术权力和市场权力的体制保障，可以探索西方国家的高校决策联席委员会模式来调控高校行政权力运行和保障学术权力自由，通过市场权力的检验和反馈，创造符合时代要求和国家发展所需要的特色高校。

三、行政权力

行政权力是确保高校运行效率和运行秩序的必要机制。高校行政权力管理权划定是为行政权力在高校运行过程中设置合理的权力边界，即通过以校长为首的行政管理人员的管理工作，提高学校履行职责的效率。高校的行政权力以校长为代表，主要体现在行政组织协调工作，其管理目的、管理运行方式及管理结果反馈都要求校长为代表的行政权力具有高校大局观，保证整个高校的运行有序，正确发挥高校"办学者"作用。高校行政权具有一元性特征，一所大学只能有一个行政权力系统，权力的运行是自上而下逐级实施，最后实现行政权力的目标。高校办学规模的不断扩大和内部管理的日益复杂都给行政权力的发挥带来了挑战。

高校的行政权力致力于实现人才培养、科技进步、社会服务、文化传承创新四大职能，可以通过两个方面来实现。一方面，代表国家和政府管理学校，发挥管理者职能，主要通过科研、教学来实现合格人才培育、人才智力发挥、研究型与实践型科技成果孵化等社会价值实现过程输出；另一方面履行高校内部自我管理的掌控者形象，主要通过协调组织机构运行、完善自我管理模式、提高高校内部资源配置、构建高校特色文化底蕴等自我价值实现过程流转。上述行政权力管理职责活动的原则必须以高校政治权力为依托，以学术权力为基础，以市场权力为标杆，实现高校的内涵式发展。高校行政权力履行要摈除高校行政化中不利因素，坚守高校管理章程所限定的管理权限，强化高校行政权力的服务意识，创造高校学术权力充分发挥的制度环境和人文环境，实现高校与政府、社会、市场的和谐共处。

四、学术权力

学术权力是大学精神的体现，是大学内在逻辑的客观要求，是大学本质特征的外化，也是建立现代大学制度的核心。学术权力以高校学术委员会为代表，参与主体是高校教师，主要依靠学者自身的权威，采用自上而下的运行方式是高校学术权力的基础。学术权力在决定招生、考试、毕业和科研等方面拥有不可动摇的地位，就是让最有资格学习的人进入高校，了解他们是否掌握了知识，是否应该获得学位，是否有资格服务社会。行使学术权力至少包括高校的课程设置、教学自主权、教育评价权和文凭认定权，这就需要高校成立学术委员会、学位评定委员会和教学工作委员会等高校内部团体组织来实现学术权力的独立行使。

（一）学术委员会

学术委员会由科技处和研究生部负责人以及各学院和重点实验室具有正高级专业技术职称的代表组成，承担学术决策职责，包括学术水平评价、科研项目申报、科研项目评审、学术道德评审、学术规范教育、学术诚信教育、学术不端行为审查等。

（二）学位评定委员会

学位评定委员会以学科分布为主，由科技处和研究生部负责人，以及各学院和重点实验室具有正高级专业技术职务的代表组成。承担学科学位评定职责，包括审议学位点申报、学位授予、学位撤销、指导教师审查等。

（三）教学工作委员会

教学工作委员会主要负责审议学校教学工作规划和重大教学创新方案，指导全校教学工作；审议学校专业建设、课程规划、教材编订、实验室及实践教学基地建设；审议教学奖项评审，推荐各类奖学金；审议学校教学管理规章制度；审议学校教育教学研究及项目课题申报；开展教学调研等。

学术权力肩负高校生态系统中的特定组织使命，力求实现教学自由、学习自由、研究自由，与行政权力一并主导高校内部事务的决策，尤其对行政权力干扰学术自由权的行为活动必须坚守持之以恒的学术理性和自由平等的学术资格，重视学术权力的基础建设和学术人才的自我权益保护。

第四节　健全机构设置

高校作为一个组织存在，组织架构和制度安排必不可少。我国高校创新基于创新理念和职能定位以及对权力结构制衡的思量，在科学合理决策体制之下，需要实施合理的机构设置满足创新的需要。正确的创新理念要求机构设置多元化和民主化；精准的职能定位要求机构设置简约化和扁平化，建立科学合理的横向组织机构；制衡的权力结构要求机构设置制度化、规范化和程序化；科学的决策体制要求机构设置开放化和具有时代性。我国高校的机构设置主要包括决策治理机构、行政执行机构、学术自治机构和监督反馈机构四大类。分别是高校政治权力、行政权力、学术权力和市场权力行使的载体，是权力运行有效的制度安排，是高校创新理念的现实选择和职能定位的理性判断。

一、决策机构

由于我国高校的政治权力与行政权力被统一为行政权力，政治权和行政权的权力制衡要求决策机构和行政机构必须相互独立。高校应成立专门的决策机构，即高校决策联席委员会。高校决策联席委员会应包括：高校党委、教育机构代表、教师代表、学生代表、校友代表和社会知名人士代表等。高校决策联席委员会的组成首先是高校内外构成主体和外部联系紧密者，决策联席委员会的成立和职能行使依据高校章程的具体规定，其常设机构是高校党委办公室，下设三个处，即共青团、国有资产处和组织处。高校决策联席委员会不介入高校具体管理过程，根据高校章程阻止行政权力的越界，问责学术权力的违章，以及调和二者的冲突。高校决策联席委员会融合了行政权力、学术权力、市场权力和政治权力的代表，进行高校内部自我控制与管理，自我决策、自我审视自身发展过程中的问题和重大事项。高校决策联席委员会的召开程序和成员构成及决策制定和实施均由高校章程规定，是高校总体决策和方向性、政治性的决策机构。

二、行政机构

高校的行政执行发起人是校长。校长办公会包括校长、行政各处处长，主要针对高校内部事务进行行政执行，召开的频率更高，参与执行的人数更多，执行的效率更高，关注的对象更细，主旨是服务高校、服务师生、提供保障。校长办公会的常设机构是校长办公室，负责组织、安排和协调校长办公会的召开、高校内部事宜以及对外事项发布。在高校章程的制度安排下和政治权力的委托代理关系下，成立以校长为首的行政执行机构，下设人事处、财务处、医务处、总务处、就业处、保卫处、外联处等校级层面行政服务保障机构和各学院里设置的院级层面行政服务机构，学院办公室由辅导员、学院行政主任等行政人员构成。

三、学术机构

在高校章程的制度设计和保障下，成立学术委员会、学位委员会和教学委员会三大学术自治机构。分别设有学术工作部、学生工作部和教学工作部，主要工作涵盖高校学生的招生、录取、选课、学术活动、学生活动、学习安排等。高校各学院也分别成立以上学术工作部、学生工作部和教学工作部的下属机构，自主管理高校师生的学习、活动、学术、科研和对外交流。高校各学院院长是学术型人才和管理英才的代表，是学术权力的代表，不依附于行政权力而自主实施管理，以三会内部宽松的学术氛围和松散的组织形式来满足本院学生对德智体美等各种技能的学习需求。

四、监督机构

在高校章程的制度设计和权力制衡体系中，成立校友会、校企联合会、工会、纪律检查委员会和审计监察处等监督反馈机构。监督反馈不受行政权力和学术权力的影响和制约，有向高校政治权力，即高校决策联席委员会提请重大事项审核和问责的权利义务。监督反馈机构既要监督反馈行政执行机构的机构设置和职责行使，也要监督反馈学术自治机构的机构设置和职能监督，配合高校决策治理机构做好高校自主发展的协同工作。

第五节 保障运行机制

高校是一个系统，包括高校内部、高校领导人和高校外部三个组成部分。高校外部是高校实现高校善治的外部环境；高校内部是高校善治的结果；高校领导人是连接高校内部善治与高校外部参与反馈的桥梁，校长产生机制又受到高校外部和高校善治结果的影响。

高校内部运行机制，体现决策、执行、监督的组织结构有高校决策联席委员会、校长、学术委员会。①高校决策联席委员会由利益相关者组成，决定大学的战略与发展；②校长是战略执行人、行政首脑；③学术委员会是战略和运行结果的监督者。这三者通过政治权力、行政权力和市场权力相互影响制约，相辅相成，合作共存。高校外部运行机制，主要指大学外部资源的获取机制，例如大学党委、学术委员会、学位委员会。主要资源包括资金、资源和人才。获取方式既可以是通过市场竞争，也可以是通过行政分配。所以，高校外部运行主要涉及的是大学与政府、社会的关系；评价标准是大学能否机会均等获得外部资源，特别是政府公共资源。高校外部运行机制合理与稳定要依靠法律和法规，即通过法治来实现。具体来讲，运行方式的高效有赖于科学决策机制的建立、和谐外部关系的营造和有序内部关系的理顺。

一、优化机制设计

决策体制是决定运行机制是否高效的前提和基础，优化机制高效运行的顶层设计，就是要探索大学决策体制的范围、决策内容以及决策实施等活动，决策体制要服务高校办学定位和大学精神，决策内容要针对大学办学自主权和办学风格等宏观层面，决策实施要配合管理制度和高校章程的具体规定，决策机制要结合高校内部权力运行机制而布置安排。其中学校办学模式和办学水平的确立是决策的核心与前提。

在行政化高校管理模式下，大学决策体制是高校政治权力与行政权力统一成高校党委领导下的校长负责制，完全听命于所属政府机构，具体包括学校创办、校长任命、高校经费来源乃至高校教学科研等具体决策内容。同时，高校内部决策系统主导高校发展，也是基于科层制的管理模式，实行"校—院—系（教研室）"三层管理，部门负责人实施行政长官负责制，隶属关系明显，实施行政权力运行的组织结构。政府主导高校决策体制，高校内部运行来自政治权力意志表达，高校内部评价标准和依据也是政治权力价值标准和权力价值依据的再现。我国高等教育创新正是基于创新行政化高校管理决策体制和建立现代大学制度的出发点进行的，"探索建立符合学校特点的管理制度和配套政策，逐步取消实际存在的行政级别和行政管理模式"。为了解决党委领导下的校长负责制决策体制带来的政治权力和行政权力泛化，规范权力运行，推行专家治学，鼓励决策参与，需要重构高校内部决策体制。

首先，完善高校党委领导下的校长负责制，深化高校决策联席委员会和校长负责制两个决策体制。高校党委和校长的民主集中制决策体制可以深化为高校决策联席委员会和校长负责制两个决策体制以避免政治权力和行政权力的混淆和结合。高校党委作为学校政治权力的核心，其权力来源于国家，在高校中处于统治地位。我国高校党委肩负重任，总揽全局、协调各方、统一领导，主要是把握正确的办学思路，确定办学目标，明确办学任务，体现出我国高校的四大职能，实现高校的内涵式发展。高校决策联席委员会是以高校党委为主导，由高校内部各团体和部门的党员构成，职责很明确：遵守高校章程，把握高校方向，抓好大事，做好协调沟通。该委员会不设实体机构，仅设高校党委作为实体组织，负责委员会的召开、组织、成员资格审核、会议发布等具体工作，为高校决策联席委员会服务。不参与、不干涉、不过问高校内部管理，只负责行政权力越权纠正（高校章程）、学术权力与行政权力调和、政治权力问责权行使。我国高校校长作为高校的法定代表人，在高校章程的明确界定下，积极行使行政职权，全面负责高校的内部管理和组织建设。

其次，提升学术权力，体现大学精神。我国高校决策体制的健全与否最重要的课题是培育学术权力的权力地位，成为行政权力的平等制衡权力。学术权力的主体是学者，按照高校章程，保护学者个体学术权力的学术自由，使学者成为自身学术工作的主导者和发起者，不依赖于行政指导，靠市场权力奠定自身学术权威。根据高校章程，建立自我评价和选拔机制，实施扁平化、非集权、松散的自主管理模式，通过学术机构（三会）即学术委员会、学位委员会和教学委员会来主导和行使高校学术权威，实现学术自由。

再次，推动制度创新，确立高校章程的崇高地位。民主和法治是时代进步的标志，更是大学发展的基础，建立现代大学制度就是要保证大学的学术自由，营造兼容并蓄、和而不同的学术环境和氛围。高校章程是高校的最高法则标准和权力界定规范，是现代大学制度的最重要载体，也是高校政治权力、行政权力和学术权力的关系和纽带，涵盖信息公开制度、质询制度、人事罢免制度、问责制度、激励制度。针对高校校长负责制下的决策体制，需要遵循依法治校、民主管理，这是社会主义政治文明在大学的集中体现。具体表现为：第一，行政决策主体参与多元化。广泛鼓励高校师生参与学校的发展和建设，使决策科学化、规范化和专业化。扩大高校教师的权利，教师拥有自主治学权和参与决策权等相关权利。学生是大学决策的利益相关者，学生应该而且有能力参与决策，因此要提升学生在高校内部管理中的地位。适当削弱行政人员的权力，充分吸收校外各界人士参与高校决策，实现大学管理民主化和治理多元化。第二，决策过程参与民主化。推行校务公开，既要公开决策过程，还要公开决策结果。根据高校章程管理办法对凡涉及师生员工切身利益、需要师生知晓以及高校管理规章制度等事项，均应通过高校的网页、校报、公示栏、微信公众号等媒体媒介及时准确公开。第三，决策反馈沟通协调。建立决策事前意见征集、决策流程沟通、决策意见诉求归集、决策结果反馈改进机制，保持信息沟通顺畅和回应解答及时。

二、营造机制外部环境

机制高效运行环境的构建主要着眼于两个关系的处理，一是与政府的关系，二是与社会的关系。和谐外部关系的营造一方面要弱化政府与高校的关系。

首先，从高校的本质属性来看，政府与高校的监管与被监管的角色定位需要重新审视。高校是国家教育发展的重要组织，基于高校教育事业的公益属性，政府作为国家的管理机构必须对高校进行监管管理。政府监管权与高校自主权是我国高校教育教学管理中的一对矛盾体，过多监管势必扼杀高校自主权，过分放权也将难以保证高校发展的正确走向。为了实现政府监管权与高校自主权之间的适度平衡和职责定位，需要弱化政府在高校发展过程中的直接监管权力，转换成契约形式的制衡监管较为合理。

现代政府理念主张有限政府、法治政府和服务型政府，目前我国正处于事业单位创新的攻坚阶段，我国高校按照《中共中央 国务院关于分类推进事业单位创新的指导意见》中的事业单位类别划分，承担高校教育等公益服务，划入公益二类。这就意味着高校的公益属性和市场属性需要被同等重视，要发挥市场配置资源在高校教育发展中的作用。在市场经济条件下，我国高校不可能脱离市场而存在，高校中的市场因素已经开始显现。例如，教授聘用的价位已经远远超过政府对高校教授事业单位编制工资的限制。同时，高校也不能被市场掌控，不能完全推向市场，不能失去培养高素质人才的公益目的性。为了保证高校发展不脱离社会主义的方针政策，最终实现国家人才培养计划的国家利益，政府对高校的监管是必要监管。必要监管即由政府直接管理转为间接管理，由微观管理转为宏观调控管理，由严格从属地位管理转为平等契约制衡管理。政府通过明确的权利义务内容来监督约束高校，就可以达到政府与高校的适度平衡。

其次，从高校的发展历程来看，政府与高校的教育行政管理模式需要变革。我国高校教育教学管理自新中国成立就采取高度集权的管理模式，同时政府作为高校的出资者和举办者，政府管控沿用计划经济体制传统，加之我国数千年的官本位思想的传承，我国高校行政化是一个不争的事实。我国高校在整个构成和运行方面与行政机关的体制构成和运行模式有着基本相同的属性。我国高校接受政府行政管理的统一模式、统一标准和统一步调，自上而下进行建设和发展，形成了高校办学自主权的本末倒置。高校内部行政人员成为学校运行的核心，教学科研人员丧失了对学校的支配权，导致高校主体出现混乱。

为了确立高校学术权力本位，实现高校行政权、学术权和民主管理权相互制衡和监督，改变高校作为政府附属机构的历史地位，需要转变教育行政管理职能，充分尊重高校的独立主体地位。政府只需要在高校自主权的约束方面，即教育目标、教育质量、人才培养、教育经费等方面进行详细约定。允许高校自主制定教育计划、自主开展科学研究、自主确定内部机构设置和人员、自主管理和使用财产。政府对高校的管理主要职能是制定高校教育发展规划、进行宏观调控、提出指导建议等，不干涉高校内部事务，从而形成合作关系。有的学者认为市场经济环境下国家对高校教育的干预和调控活动是市场调节机制的一个必要补充手段，其目的是完善高校教育的管理体制和运行机制，其性质属于宏观性的第二次调节。

营造和谐外部关系的另一方面是要密切高校与社会的关系。高校作为知识组织，其职能在于通过教学传承知识，通过科研创新知识，通过社会服务应用知识。传承知识、创新知识、应用知识都是服务于学生和社会。塑造学生人性、完善学生人格、培养学生技能从而为社会发展提供智力支持保障是大学的崇高使命。高校的外部运行机制包括政府、家长、社区、教育机构和就业市场等多因素对高校发展和决策的资源交换和流通，在独立政府作为高校产权代理者的身份属性前提下，弱化政府与高校的关系，高校通过何种方式和办法加强其他社会资源的获得和输出成为高校发展的集中指向。

高校与社会的关系在不同的社会发展过程中呈现不同的表征，从农业时代的社会体系之外到工业时代的社会体系边缘再到知识经济时代的社会中心，高校与社会互动发展、渗透结合、共赢共存是源于二者的交集。高校的科技创新和人才优势能够形成产业化和信息化，这恰恰满足了社会自身需求，在社会区域经济发展、产业科技进步和谋求发展的基础上产生互动。互动的内涵包括合作项目、教育基地、继续教育工程、工程研究中心、远程教育、科技园、绩效技术和管理理念等多方面。高校教育不断适应社会发展的要求是二者互动的动力基础，合作共建联合机构是二者互动的运行保证。通过政治、经济和法律手段进行调控落实现代社会与高校的关系可以概括为社会需要和资源输送来满足高校内部发展，高校秉持开放、自由、民主的精神充当社会前进的精神导师。

但是高校与社会的密切联系是建立在高校独立自主办学的前提下，即高校是为社会服务的教学科研中心，不是社会中企业的一分子，高校办学自主权、财政自主权是基于政府投入和问责调控，不会用市场规律来主导高校发展。高校对国家和社会的文化和精神等无形资产以及基础知识研发和社会公共利益至上的教学理念是大学必须坚守的阵地。与此同时，社会对大学的认同和资源投入是有条件的，要求更多的社会参与和决策反馈。

高校与社会的这种"若即若离"的良性互动关系可以表述为:"若离"是思想、理智活动的独立和对高校外部运行机制保持相对独立;"若即"是高校与社会密切联系,互融互洽。高校与社会的良性互动主要表现为,一方面,社会是高校的外部环境和基础,高校以社会为存在前提,汲取社会文化和社会资源完善自身;高校的人才培养和科技输出对象是社会,以满足社会需要和人类发展为社会价值追求。另一方面,高校作为社会的中心力量,指导社会体系的健全和完善,同时接受社会体系的适度介入和环境影响。

我国高校教育教学管理创新中的运行方式需要接纳高校与社会的"若即若离"的良性互动关系。高校毕业生要在生源市场、教师市场和院校市场中保持竞争力,高校必然要提高学术质量,采用最有效的学术管理办法,否则就会面临生存的危机。考虑到学术知识的复杂性和动态变化性,我们认为在竞争性的学术市场中专业的自我管制仍可能是最有效地保证学术标准的方式。同时社会融合到高等教育的知情选择权、参与权,能够从多层面和多角度参与高校决策和高校管理的具体工作,平等地位的参与权,使个人和社会利益与高校团体利益形成利益共同体,促进高校与社会和谐发展,形成开放、负责、宽容和平衡的互动状态。

三、建构机制内部设计

高校教育教学管理创新运行方式的关系理顺中,内部关系是创新成功的重要保证。高校管理根本上是以学术为中心的管理,其目的是促进学术的发展。学术管理的基础是学术思想的自由,发挥学术权力的主导作用,贯彻学术自由、民主管理的原则,在大学内部营造民主的宽松的学术氛围,为科学创造提供良好的学术环境。理顺大学内部关系主要是协调行政权力和学术权力的关系,落实高校办学自主权,遵照高校章程,依赖高校内部合理的机构设置,实现高校善治。本质上来讲,理顺高校内部关系是多中心化治理过程。

首先,健全和完善高校章程。高校章程是高校内部权力运行的法制基础,是大学内部权益相关者制度化的规范文件,是大学管理运行的纲领性指导。高校章程必须落实高校内部政治权力、行政权力、学术权力和市场权力行使等相关制度性规定,为高校管理创新提供法律依据。其次,优化高校内部决策权力结构,确保学术权力在学术管理中的主导作用。明确三会的具体职责,行使学术范围内的决策、管理、监督、实施和咨询职能,加强三会组织建设、人才建设、制度设计,依据高校章程坚守学术道义、大学精神以及校训。建立质量为上的学术评价制度,建立公开、透明、公正、严格的聘任、晋升、科研激励制度,让学术管理回归学术本位。彰显严谨求实的学术态度和风气,确保学术评价活动的独立自主评议。再次,完善大学校长负责制,提高行政管理水平。依据高校章程，完善规范大学校长行政权力的行使范围和权限，使其专注于服务学术、服务学生和服务学校的目的。大学校长应具有教育管理能力和现代管理能力，行使对大学行政事务的全权处理，接纳吸收市场权力的决策参与咨询、意见反馈，公平处理校务与学术的从属与主体定位纠纷，尊重学术、尊重教授、重视人文建设。促进高校内部组织机构设置扁平化，提升行政管理人员的服务意识和业务技能水平。完善高校人事制度、后勤管理制度、财务管理制度、信息管理制度等行政管理具体制度。

第三章　高校专业建设管理探索

第一节　高校专业建设的基本目标

当今世界，受经济全球化的影响，世界各国联系越发紧密，我国的社会主义经济也不可避免地受到冲击，呈现多元化趋势，社会对人才的要求越来越高，越来越需要能够引领未来产业发展的人才。高校是培养人才的地方，专业是培养人才的基本单元，要培养卓越的新时代科技人才，就应该主动迎合社会发展需求，积极寻求转变，完善专业建设。

一、服务国家发展战略

当前，高校建设专业要以服务国家战略为主要目标，围绕国家发展战略设置专业，形成具有中国特色的高等教育体系，提高高等教育建设质量，培养高素质的新型技术人才，为我国的创新发展战略提供强有力的人才支撑。高校要紧随我国发展战略方向，充分发挥自身作用，为将我国建设成为高等教育强国而努力，实现我国在全球教育领域从跟跑到并跑再到领跑的跨越，形成领跑全球教育的中国模式。

新经济发展的核心关键在于创新，创新是引领发展的第一动力，是建设现代化经济体系的战略支撑。随着新一轮科技革命的崛起，我国提出了"创新驱动发展""中国制造2025""一带一路""互联网+""京津冀协同发展"等重大战略，战略性新兴产业的发展离不开新型技术和创新人才的支撑，而"中国制造2025"等重大战略的实现也离不开人才的支持。高校就要根据自身办学定位，结合办学基础，增强为国家发展战略服务的责任意识，主动进行专业建设，培育新型专业人才。高校要根据国家的发展战略，围绕战略性新兴产业，及时调整专业结构，以服务国家发展战略为目标建设专业。

二、满足地方发展需求

高校的发展有其独特性，发展水平受自身的区域性以及历史发展因素所影响，因此学科结构的发展水平也各不相同。而要衡量一所学校的办学质量，就要看它培养的人才和区域经济、社会的契合程度，即学科专业结构和人才培养的社会适应性，包括毕业生的就业率、学科专业结构与区域产业结构的协调程度，以及对经济社会发展的科技贡献和服务能力。高校就要在充分了解当前地方产业需求的基础上，对自身学科专业结构进行增量优化、存量调整，使专业结构与产业结构相适应，培养地方经济发展所需要的人才，提高毕业生的就业率。

高校作为支撑地方经济发展的主要力量，要明确当前企业行业的发展需求。通过对地方经济发展需求进行充分调研，高度关注新兴产业的崛起以及传统产业的转型升级，了解当前企业的发展趋势以及用人要求，充分发挥高校为社会服务的职能，以满足地方经济发展需求为目标，培养适应新兴产业的新型技术人才，建设新专业。

我国的经济正在面临转型升级，互联网的崛起，人工智能的出现，新技术的产生催生了新产业，新产业的诞生和发展预示着我国进入了新经济时代。新经济是指创新性知识占据主导地位的新的经济形态，形成了以智能制造为先导，第一、第二、第三产业逐渐融合，各学科知识与技术相互交叉的产业体系。高校所独具的区域性就要求其发展方向要以满足地方产业需求为目标，建设专业时要满足当前第一、第二、第三产业逐渐融合，各学科知识与技术相互交叉的产业体系的需求。由于高校现有的学科教育体系与现行的经济发展趋势不相适应，学科专业结构与产业结构不相适应，高校就要以快速发展的产业需求为目标，通过加强专业布局，调整优化学科专业，通过专业的建设，改变以往的人才培养模式，培养综合素质高、适应地方经济发展的人才。

高校在建设专业时要以地方产业需求为目标，根据企业产业的发展现状和前景设置专业，为地方产业的发展提供新型技术人才，推动地方经济发展的同时，也提高自身办学质量。

三、培养新型技术人才

全球新一轮的产业革命和科技革命催生了新产业，新产业正在呼唤新型技术人才，新一代技术人才既要有紧跟技术前沿的厚实理论基础、丰富的实践经验，还要有前瞻性视角和创新精神，更要具备良好的领导才能、多领域知识技术组织整合能力、深厚文化底蕴和全球视野。这样的技术人才才是当今社会所需要的，高校就要以培养这样的新型技术人才为目标进行专业建设。

2018年9月17日，教育部、工业和信息化部、中国工程院发布《关于加快建设发展新工科实施卓越工程师教育培养计划2.0的意见》，2019年4月29日，教育部在天津大学召开新闻发布会，启动实施了"六卓越一拔尖"计划2.0，卓越工程师计划2.0和"六卓越一拔尖"计划2.0的提出要求高校要以"华盛顿协议"为抓手，树立"以学生为中心"的教学理念，通过充分了解学生的兴趣与需求，关心学生的个人成长，以学生的兴趣与需求为目标开展教育教学工作。高校不光要关注社会的用人需求，更要从学生的内心需求出发，通过挖掘学生的发展潜力，为学生未来的发展添油助力。

在我国经济发展转型升级的当下，新兴技术和新兴产业的蓬勃发展对新型技术人才的需求愈发强烈，学生自身也要求提升自己的综合素质，通过专业学习不断锻炼自己的实践与创新能力，以便适应不断发展变化的社会需求。因此，高校应以"中国制造2025"的要求和地方产业需求为引导，以培养新型技术人才为目标，进行专业建设。

四、传承中华优秀传统文化

中华优秀传统文化不仅塑造着我们的品格，还启迪着我们的智慧，它在国家的教育规划中越来越占有重要地位。高校作为区域高等教育的排头兵，在新时代更应该承担起传承中华优秀传统文化的责任，我国历史悠久，具有上下五千年的璀璨文化，这些优秀的中华传统文化是我国不可多得的瑰宝，值得代代相传。因此，高校在建设专业时，要以传承中华优秀传统文化为目标，要以高远的政治站位、宽广的国际视野、深邃的战略眼光，抓住机遇，超前布局，加快推进高校文化现代化建设，使中华优秀传统文化再一次大放异彩。

2014年5月4日，习近平总书记在北京大学的演讲中曾提到："中华优秀传统文化已经成为中华民族的基因，植根在中国人内心，潜移默化影响着中国人的思想方式和行为方式。"中华优秀传统文化在我们的日常生活中发挥着不可替代的作用，高校在进行专业建设时就要与中华优秀传统文化结合起来，在平常的课堂教学中加入中华传统文化，这有利于对学生进行中华优秀传统文化的熏陶，提高学生的思想道德水平，从中华优秀传统文化中汲取力量，培养学生成为拥有自强不息、修身自律等优良品德的人才。

我国在"十三五"规划中再次强调了文化强国的目标，这一目标的实现离不开科教与人才的支持，而高校就成为文化强国的必由之地。在专业建设时以传承中华优秀传统文化为目标，加强文化建设，不仅可以培养学生的文化素养，更可以在文化领域中起到发扬与创新的作用。除此之外，专业建设以传承中华优秀传统文化为目标，还可以加快将文化成果转化为生产力的效率，实现中华优秀传统文化的再发展再创新，增强我们的文化自信。

当前中国正以更加开放的姿态拥抱世界，尤其是在"一带一路"倡议大力实施的今天，高校专业建设更应紧随国家发展趋势，将中华优秀传统文化纳入到建设目标中来，集中优势参与文化产业，扩大文化产业的效益，实现真正的文化自信，打造真正的文化强国。

五、加强国际交流与合作

随着经济全球化的进一步加剧，在"一带一路"倡议的大力实施和"人类命运共同体"的构建背景下，国际交流与合作逐步成为高等教育发展的新趋势，作为高等教育的重要组成部分，高校在国际交流与合作中也应发挥重要作用。高校加强国际交流与合作不仅是时代的需要，更是高校提升自身科研水平和办学质量的重要途径，高校在建设专业时，要注重与国际接轨，要以加强国际交流与合作为目标，通过积极吸取国际先进经验，改变传统办学模式与教育模式，打造全新的与国际接轨的专业，培养具有国际化视野的人才。

专业建设时以加强国际交流与合作为目标，树立国际化理念，会对国际发展形势有更加清晰明了的认识。在进行专业建设时，以全球市场为依据，针对国际市场需求的变化来调整专业结构，根据国际市场需求及产业需求更新专业的课程设置，时刻把握最前沿的科研方向，提升科研能力水平。社会需要的不仅是掌握专业技能的普通人才，更需要拥有国际化交流与合作能力的新型复合人才，因此建设专业时以加强国际交流与合作为目标，还有利于扩展学生的国际视野，增强人才的国际竞争力，提高人才培养质量。

第二节 高校专业建设管理的路径探索

高校要根据产业需求设立专业，要正确处理专业导向和产业导向之间的关系，主动布局新兴工科专业，做好存量调整，加快传统专业的改造升级。党的十九大报告指出我国已经进入了新时代，产业结构的转型升级催生了新经济，带来了新的社会需求，要满足这种社会需求，就要求高校根据当下新形势，吸收多方经验，展开专业建设管理工作。

一、明确人才培养目标，转变人才培养观念

习近平总书记在党的十九大报告中指出我国已进入了新时代，随着经济的转型升级，一大批新兴产业如雨后春笋般冒了出来，以往的人才培养模式已不再适用，高校应

深入贯彻落实《教育部关于加快建设高水平本科教育全面提高人才培养能力的意见》（教高〔2018〕2号），瞄准当前高校人才培养工作中突出存在的问题，转变人才培养观念，打造更加符合社会需求的新型人才。

（一）以服务学生为中心

2018年10月8日，教育部等六部门发布了《关于实施基础学科拔尖学生培养计划2.0的意见》，指出通过选拔培养一批基础学科拔尖人才，为我国成为世界主要科学中心和思想高地奠定人才基础。因此，高校要将以学生为中心的培养理念贯穿于专业培养方案的全过程，注重学生的个性化发展，注重培养学生的职业能力、实践能力以及创新能力等。

高校要改变以往单一的人才培养模式，根据学生的个性发展，制定多元化的培养模式，对卓越人才培养模式、技能型人才培养模式、产学合作人才培养模式、主辅修制人才培养模式、双专业制人才培养模式等进行探索，以学生为中心，让学生可以根据自己的兴趣选择自己喜欢的课程，极大地促进学生的个性化发展。

高校在制定专业建设培养方案时还应以能力培养为导向。一是注重学生的职业能力培养，为学生未来的职业生涯打好基础，将学生所学专业与职业岗位联系起来，不再仅以课堂知识考查学生，让学生进入真正的工作场所。二是注重学生创新能力的培养，创新是引领发展的第一动力。创新是当代大学生亟须培养的一种能力，在专业培养方案制定时，要给予学生多种选择，丰富学生的课外活动，拓展学生的学习场所，通过创新课程体系和课外培养方式来进行学生创新能力的培养。三是注重学生实践能力的培养，当前不少大学生已了解实践能力的重要性，迫切希望能通过学校教育提高自己的实践能力，因此高校就要在专业培养方案中提高实践环节的比重，多为学生提供多种形式的实践活动，如学术交流活动、国际交流活动、交换生、国际夏令营、企业实习等多种形式的实践活动，加强与国外高校或企业的联系，建立友好的合作育人模式。

（二）以服务社会为中心

高等教育的三大功能之一就是社会服务，因此高校也承载着为地方经济发展服务的责任，在制定专业培养方案时就要以市场需求为导向，以满足市场发展和未来行业需求为目的，对教学内容和课程体系进行整体优化，在满足行业要求的基础上持续改进培养方案，更好地为当地经济发展服务。

高校在制定专业培养方案时，要摒弃掉以往过于刚性化和参与者过于单一的问题，最大的学科特点就是多学科的交叉与融合，因此专业的培养方案应该是柔性化的、具有包容性的。随着新技术、新产业更新换代的速度逐渐加快，所需的行业人才也日益综合化、复合化，这就要求专业培养方案要具有极强的包容性，能够用同一方案培养出适应产业集群和新型技术的综合性专业人才，甚至是引领未来产业发展的领军型人才。

高校在制定专业培养方案时首先要明确培养目标，即重新建构培养目标体系，要将新时代下产业行业的新需求吸收到培养目标体系中，从专业分割向多学科交叉融合转变，从专业教育向通识教育加专业教育转变，培养学生运用多学科知识解决问题的能力；其次，专业培养方案要根据用人需求更新培养内容和培养方式，将行业的最新发展或者科研院所的最新研究成果吸收到教学内容中，重新构建专业课程体系，根据行业发展和前沿科技成果持续更新教学内容，使学生不光掌握专业的学科知识，还能够了解与其专业相关的其他学科知识，创新课堂教学模式，培养跨学科新型专业人才；最后，专业培养方案要注重多方协作培养，建设跨界融合的特征使得专业人才的培养需要相关学科专业、行业产业、科研院所以及可能的国际教育组织等多方密切配合和共同努力。因此，在制定培养方案时要明确行业产业、科研院所的责任，充分利用行业产业、研究院所、国际组织等多方的资源，探索多种产学研育人模式，培养更适合当地经济发展的人才，为当地经济发展服务。

二、预测未来人才需求，优化专业结构

创新是引领发展的第一动力。当今世界，新一轮的科技革命和产业革命兴起，而我国的科技和产业发展已从跟跑到并跑，甚至实现了领跑的跨越，要继续在科技革命中领跑全球，就必须坚持培养创新人才，优化专业结构。

（一）进行多方调研，建立预警机制

高校的主要职能之一就是服务社会，当下社会经济发展出现了新的用人需求，高校就要围绕用人需求展开多方调研，准确把握行业发展趋势。

专业是培养人才的基本单元。高校要想精准把握人才培养标准，就要对政府政策、社会行业、研究院所进行深入调研，明确用人要求。随着智能化、信息化时代的兴起，世界各国都纷纷提出了自己的应对策略，我国政府也紧随潮流地发布了一系列政策，如《关于加快培育和发展战略性新兴产业的决定》《中国制造2025》等，高校要深入分析我国最新政策中关于新兴产业的布局要求，明确未来产业走向。

高校还要加强对研究院所的最新研究方向的关注，明晰未来科技走向，还要对当前的新技术新产业的发展趋势加强关注，要明晰未来用人走向。目前来看，新一代智能、大数据技术、机器人制造等智能化产业发展旺盛。

高校要成立专业建设管理调研小组，展开多方调研，积极主动地了解未来产业发展以及未来用人需求，紧随国家最新的方针政策，建立专业预警机制，能够针对当前产业发展对人才的需求，解决新型人才紧缺的问题，进一步优化高校专业布局。

（二）形成专业建设管理方案，严格专业设置程序

高校要根据调研结果，根据当前产业需求形成专业建设管理方案。高校在进行专业建设管理时，不能再同以往的传统专业设置相比，要结合专业建设管理对全校教学资源进行统筹考虑，在全面分析学校的办学资源以及学校和当地企业的对接关系上制定专业建设管理方案，打破以往的学科专业壁垒，确保专业在建设时有充足的资源保障，能够满足当下新经济新产业的需要。

高校在制定专业建设管理方案时不要一味追求设置社会热门专业，为避免出现专业设置同质化严重的问题，应该严格把关专业设置，严格专业设置准入程序。高校在经过多方调研形成专业建设管理方案之后，要由院系教师或教授撰写一份关于新建专业的调研报告，报告要包括该专业的市场需求度以及未来的发展潜力，经由学校领导讨论后，再决定是否设置该专业。

高校还应对新建专业进行自评以及第三方评估认证，确保学校有开设该专业的资格，学校在自评过后，要申请第三方评估机构对学校的质量标准（目标）、专业教学体系是否达到质量要求、专业培养方案、可学习性（如学习时间安排的合理性等）、考试系统（考核评价体系是否合理）、专业与企业合作的机会、硬件设施（纸质与电子藏书、实训室、教师队伍的学历与头衔）、文档与教学文献、质量保证与可持续发展性、非全日制学生的可学习性、男女、不同国家学生平等性与机会共同性等进行评估认证，满足条件才可提交专业设置申请材料。

（三）明确专业建设管理目标，建立专业集群

高校在进行专业建设管理时，首先要明确进行专业建设管理的目标是什么，在明确专业建设管理目标之后，才能更好地围绕专业建设管理目标展开建设。

建设的主要目标是要"主动布局、设置和建设服务国家战略、满足产业需求、面向未来发展的学科与专业，培养造就一批具有创新创业能力、动态适应能力、高素质的各类交叉复合型卓越科技人才"。因此，专业建设管理的目标一要满足地方经济发展的需要，满足新兴产业、新兴技术的需要；二是在进行专业建设管理时要符合自身高校的办学定位，这样才能更好地调动全校资源进行专业建设管理；三是在进行专业建设管理时，要保留自己的特色，专业建设管理的特征之一就是跨界融合，因此在进行专业建设管理时要注意学科间的联系，避免出现学科的单打独斗。只有明确了专业的建设管理目标才能更好地进行课程、师资、实践平台等的建设。

当前专业建设管理的学科特征就是多学科的交叉与融合，因此在建设时要注重专业集群的建设。专业集群的基本功能正好回应了新时期地方高校专业结构调整的需求，通过一定数量内在关联的专业按照特定规则集聚，打破传统单一专业单兵作战，强化专业间联系，变小帆板为大舰艇。在进行专业集群建设时，高校要做好顶层设计，要统筹分

析考虑学校的专业发展基础以及与此有关的产业发展环境，根据专业的特点，分析其与新兴产业的联系，明确其与学校其他专业的内在联系，建设与之有关的专业集群。

专业集群建设应遵循从无到有、从弱到强的原则，逐步展开建设。专业建设管理目标之一是满足新兴产业的需要，因此高校在进行专业集群建设时，要以市场需求为导向，根据当前的产业需求和创新需求来构造专业集群，打破专业壁垒，使专业集群能够与当前产业集群相对接，培养符合产业岗位需求的人才。

高校还应在明确自己办学定位的基础上建设专业集群，不盲从，根据自身定位建设有特色的专业集群，这样才能为专业集群配备最优资源，才能更快更好地进行专业的建设，在将专业做优做强之后，再由核心专业带动整个专业集群的发展，提升整个专业集群的质量，优化专业结构。

三、优化专业课程体系，促进专业建设管理

为全面贯彻党的二十大精神，进一步落实党中央、国务院关于深化新时代高等教育学科专业体系改革的决策部署，加快调整优化学科专业结构，推进高等教育高质量发展，教育部等五部门印发《普通高等教育学科专业设置调整优化改革方案》（教高〔2023〕1号），强调学科专业设置调整优化改革要面向世界科技前沿、面向经济主战场、面向国家重大需求、面向人民生命健康，引导高校在各自领域争创一流，走好人才自主培养之路。

（一）构建专业课程体系原则

一是要坚持课堂教学最重要的原则。课堂教学是学生获取知识、培养思维的主要阵地，也是培养学生乐学善学品质的核心环节。高校要重视课堂教学，在进行专业建设管理时重视课堂教学的设计，通过课前引导、课时教授、课后锻炼等方式使学生爱上学习，使学生获取丰富的知识，提升自己的能力。

二是要坚持课内课外相结合的原则。虽说课内学习可以使学生获取大量的知识，但是课外学习活动也是必不可少的。专业课程体系要注重课程资源建设，充分利用校内校外各种资源，为学生搭建课外学习平台，鼓励学生积极参与科研项目、大学社团、各种竞赛等课外活动，给学生充分展示自己的机会。

三是要坚持"必修+选修"相结合的原则。当今社会需要的不再是仅精通某一项技能或知识的人才，而是综合型复合型人才。因此，在课程选择上，除了学生必须选择的学习课程之外，还应该为学生提供广泛的选修课程，可以让学生根据自己的兴趣选择自己喜欢的课程，扩宽学生的视野。专业课程体系既要满足学生的全面发展，也要支持学生的个性发展，满足不同学生的不同需求，给学生更自由的发展空间。

四是要坚持学科交叉与融合的原则。学科特征就是学科交叉与融合,学科交叉与融合必然离不开课程的整合。因此,在进行课程建设时,要注重不同学科课程的整合重组,该模式分为两种:一是学科合并或学科交叉形式,即将多门具有相似性的学科进行合并或将具有内在联系的不同学科交叉合并为一门新的课程。二是主题形式或问题形式,即以最能反映该学科基本原理的学术问题或以人类面临的重大社会问题为中心设置课程。要根据不同学科课程的特点对学科内容进行整合优化,不断努力,最终发展成为新的学科课程。

(二)完善专业课程体系条件

1.教材编写

教材在教学过程中占据着重要的地位。高校在鼓励本校教授或社会人士进行专业教材编写时,要注意区域经济发展的实际需求,与当地行业产业联系起来,在紧跟时代潮流的同时,注意与国际接轨。教材编写要注重灵活性、特殊性、适应性、交叉性,实现多门学科课程的交叉整合,给予高校更大的课程发展空间,最大限度地适应现实生活的需要,最大范围地提供学科交叉融合的平台。

2.教材内容

高校要将行业产业技术的最新发展、企业岗位的最新用人要求和科研院所的最新科研成果融入到课程教学内容中,让学生能够把握最新的发展动向。对最新科研成果要及时更新引进,对教材内容进行实时更新,但要将最新科研成果有区分度地加入到教材内容中,比如让学生深度学习且掌握成熟的科研理论,尚在发展中的科研理论可以让学生自行了解并验证探索,处于研究热点尚未形成理论的前沿领域,可以挑选一些重点专题让学生课下讨论,培养学生的创新思维。

教材内容要具有基础性、长期性和前沿性:基础性是指能够让学生掌握最基本的知识和理论;长期性是指掌握在日常生活和工作中能够熟练运用且必不可少的知识,并且所掌握的知识和理论能够在以后的终身职业生涯中长期有效;而所谓前沿性就是学习的知识能够让学生及时掌握学科发展的最新动向。

3.教学环境

良好的教学环境可以最大限度地激发学生的学习潜力。因此,高校要营造一个善学、好学、乐学的教学环境,通过运用多种教学手段激发学生的学习兴趣,教师要积极与学生互动,引导学生进行探究式学习,教师要努力满足学生获取不同背景知识的需要,让学生就课题进行充分讨论,而不是不恰当地指导学生,要鼓励学生赏识学生。

社会需要既有理性思维又有人文情怀的新型技术人才。因此,高校在进行专业课程建设时,要打破以往的学科专业壁垒,可以经常开展文理学院联谊,整合各学院的组织结构，建立文理学院科研联盟，积极促进教师与教师之间、学生与学生之间的互动，经常交流，交换思想，通过文理融合改变以往单一枯燥的教学环境。

（三）建设专业课程评价体系

1.专业课程评价原则

一是评价结果及时反馈的原则。在进行教学时可能会出现问题，因此学校就要将评价结果及时反馈给任课教师，以便让教师及时改进教学方法，调整教学内容，改变教学策略，提高课堂教学质量，还可以根据反馈结果把握专业建设管理发展的方向，及时改正出现的问题。

二是以学生为中心的原则。评教过程的主要评价人是学生，要把学生作为主体，主要是询问学生在课堂中的感受。因此，评价内容与评价过程都要围绕学生展开，关心学生在专业课程学习中的态度与想法，评价内容要让学生感受到自己的主体地位，以学生的角度提出问题，评价问题要通俗易懂，运用使学生能够明白的贴近学生实际的语句。评价过程要避免烦琐，提高学生的参与积极性，评价过程要简易可行。

三是严格与保密原则。评价过程要严格规范，要有专门的评价机构组织，从问题设计到问卷使用再到评价结果反馈，都要遵循严格的评价标准，所设计的问题要有针对性，不能敷衍；要明确不同院系的需求与特点不同，问题设计应有所不同，避免以往的一份评价问卷全校通用的情况再出现，对评价过程与结果严肃对待。另外，对于评价过程中的学生信息要保密，确保学生能够客观真实地进行评价，只有这样，评价信息才会真实有效，评价结果才具有可靠的参考价值。

2.专业课程评价内容

一是对学生进行评价。主要是学生对自己在专业课程教学中的参与情况进行评价，是否掌握了相关专业的知识，是否提升了自己的综合能力，是否开阔了自己的创新思维，是否掌握了相关的职业技能。

二是对任课教师的评价。主要是评价教师在课堂教学中的表现，包括针对教师在课堂中的教学方式、教学策略、教学内容、教学能力、教学互动和课堂氛围的评价，是否掌握了最新的学科前沿知识，是否提高了自身的教学能力，是否具备了跨学科科研能力等。

三是对学校整体的评价。相关专业的课程建设是一个系统性整体性的工作，需要学校对其进行统筹兼顾，是否为专业课程安排了合适的教师，提供了充足的资金，引进了前沿的课程教材，搭建了专业课程建设平台等都需要学生的评价，只有这样，学校才能将相关专业的课程体系建设得更加完善，进而提高专业的质量，提高学校的办学质量。

3.专业课程评价形式

专业建设管理是一项复杂的工作，相应地，相关专业的课程评价体系建设也不会是一项简单的工作。简单的定性评价不足以对专业课程体系有一个全面透彻的了解，而是需要运用多种形式定性加定量地对相关专业的课程体系展开全面的调研。

首先就是即时评价，也就是学生可以在网站或者现实生活中随时发表自己对课程和教师的评价，还可以通过同行听课来对教师的教学情况提出即时评价，学生和同行的即时评价可以让教师及时了解自己的授课情况，对自己的教学方式和教学内容及时进行改进。其次是期末评价，在经历了一学期的学习之后，由院系组织，针对整个学期的教学情况、教学资源和教学服务进行评价，可以让院系领导更好更全面地对一学年的课程建设进行年终总结，变革管理，加强对学生的教学服务。最后是毕业生评价，由全体毕业生对学校整体专业课程建设情况进行评价，通过毕业生对整个学生生涯中学习的课程、经历的课堂教学方式、学校对相关专业的课程建设的支持力度进行评价，可以让高校及时发现相关专业课程建设过程中的缺陷，更好地对专业课程体系进行完善。

四、深化实践教学环节，强化实践教学体系

随着教育改革的推进，加强专业实践教学环节，着力开展实践能力、设计能力和创新能力培养，已成为高等教育界的共识。专业建设管理更加注重对学生实践能力的培养，实践教学环节是新时代专业建设管理的重要组成部分。

（一）明确实践教学的重要性

高校要认识到实践教学的重要性，尤其是在专业建设管理中，实践教学是专业建设管理必不可少的一部分，对学生实践能力的培养起到不可或缺的作用。

重视实践教学是当前社会经济发展的必然要求。随着新兴制造业的再度崛起，仅仅拥有理论知识的人才已不再被社会所需要；随着"中国制造2025"战略的提出，新技术新产业迅速发展，新经济发展对新型科技人才的需求更加迫切。高校要顺应时代发展，增加实践教学在专业建设管理中的比重。

重视实践教学是当代大学生的迫切需要。比起枯燥单调的理论课程学习，学生更喜欢可以自己动手操作的实践课程，不光是课堂的趣味性更丰富，学生还可以充分发挥自己的主观能动性，从而对所学习的知识有更深刻的理解与认识。实践教学可以提高学生解决实际问题的能力，拥有把冷冰冰的知识理论变为解决实际问题的能力，尤其是企业最想要的都是有工作经验或较强动手能力的人才。学生可以通过各种实践活动增加自己的经验，开阔视野，学会沟通，可以帮助自己快速就业。重视实践教学也是当代大学生的内心诉求。

重视实践教学还是促进多学科交叉与融合最有效的形式。要想更好地进行专业建设管理，促进多学科的交叉与融合，进行实践教学是必不可少的。实践教学活动所涉及的往往不是单一学科的知识，要完成一项实践项目往往需要运用多门学科的知识和理论，这就给了这些平时互不相连的学科一个交流的机会，使相互独立的学科建立起沟通的桥梁。实践教学活动的实施，实践项目的完成，给予了学生整合多学科知识结构的机会，同时也强化了不同学科知识间的联系。

（二）打造实践教学模块

为更好地提高学生的实践能力，高校可以将实践教学内容分为三个模块，分别是基础知识实践模块、专业知识实践模块和综合知识实践模块。

1.基础知识模块

专业实践教学体系的基础知识模块包括学科专业的基础课程知识和基础实验等，基础知识模块的学习可以让学生对所学专业有一个基本的认知，为以后的实践学习打下基础，还可以锻炼学生的基本实验操作，培养学生的专业意识。

2.专业知识模块

专业知识模块应由所学专业的核心课程组成，围绕核心课程开展的专业实验、企业实习等都应属于专业知识模块。专业知识模块的学习可以进一步加深学生对专业的认识，使其更加熟练地掌握实验技能。在基础教育的基础上加强专业知识的学习，有利于激发学生的创新意识，提高学生解决专项问题的能力。

3.综合知识模块

综合知识模块是由专业知识拓展后的各类综合性实验课程组成，包括各类研究设计性实验、科研项目研究和毕业设计等。这些综合性实验需要运用到多学科的知识，在综合性实验中，学生会受到全面、系统的教育，学生通过这些综合性实验可以加强自身专业知识与其他学科知识的联系，提高学生的综合能力，应对复杂问题的能力，以及创新能力和沟通能力，从而使其在以后的工作中更加得心应手。

（三）建设实践教学平台

相关专业的实践教学模块需要有实践教学平台的支撑。高校需要在以往的实践软硬件教学平台基础上进行改造和升级，根据现实需求，打造更适合专业实践体系的软硬件教学平台。

1.综合实验室平台

高校为教授学生专业知识，让学生更好地掌握专业技能，都会设置专业实验室，然而仅靠原有的专业实验室不足以让学生全面熟练地掌握所学知识，学校应建立一个综合性实验室来培养学生的综合能力。

综合性实验室应由构成相关专业的原有相关学科专业以及未来发展可能关联到的学科专业来共同构建，由学校高层领导牵头组织，确保各相关学科充分利用自己的资源，实现各方资源的共享，弥补专业实验室的不足。

综合性实验室应以学科交叉与融合的项目设计为主，面向高年级学生，选择需要运用多学科知识来设计解决的项目，将学生根据兴趣与特长进行分组，让学生在小组内进行充分交流与研讨，利用综合实验室的各方资源，在相关教师的指导下，完成项目的设计，锻炼学生的合作能力与综合能力。

2.创新实践平台

当前，大量新型专业的不断发展也应促进新技术的不断革新。高校应设立创新实践平台，不但可以培养学生的创新思维，还可以通过学生的创新实践活动产生新的研究成果和先进技术，形成新的产业增长点，促进新兴产业的形成。

首先，高校要积极鼓励学生进行创新性实验，为学生的创新实验提供经费支持以及教师指导，使学生的创意可以转化为现实；其次，高校要大力举办各类创新比赛、科研大赛等，鼓励学生参与国内外创新活动，与当地的科研院所合作，为学生提供参与创新实践的平台；最后，为学生提供创新实训项目，教师可以将专业建设管理有关技术项目中出现的新问题转化为创新实训项目，让学生自主构思解决，学生可以通过创新实训项目提高自己自主解决问题的能力，还可以激发学生对该项目之外问题的思考，激发学生的求知欲。

3.协同育人平台

对于高校来说，增强学生的实践能力，提升学生的综合素质是办学目标，也是专业建设管理和新经济发展的用人需要。高校培养的人才，应满足当地社会发展的需要，满足岗位的要求，在工作中，不光要拥有创新精神，还应拥有把这种创新力转化为实践力的能力，而协同育人平台的建立则是实现这一目标的重要途径。

高校要弥补校内实践教学资源不足的情况，与当地企业基于互惠互利、合作共赢的原则建立一批稳定的校外实践基地。高校培养的人才终归是要为当地的企业服务的，仅依靠校内实践平台无法培养学生真正的职业意识，只有充分利用当地企业的资源，才能让学生在真正的职场中锻炼自己的职业能力，为以后的就业打好坚实的基础。

高校要基于学科专业的特点，选择合适的当地企业，建立优势互补的长期稳定的合作机制，构筑起与企业行业"协同办学、协同育人、协同创新、协同就业"的产学育人合作模式，促进专业和当地企业双方的双向发展，为当地经济发展输送人才，促进当地经济的发展。

五、加强专业师资队伍建设，打造一流专业师资队伍

师资队伍建设是专业建设中的重要一环，教师质量的高低在很大程度上决定了专业建设质量的高低，要想更好地进行专业建设管理，高校更要重视师资队伍的建设，建设一支"有理想、有道德、有素质、有能力"的"四有"教师队伍，培养教师的跨学科科研能力。

（一）提高专业教师准入标准，提升教师队伍质量

教师的选拔标准是创建一支专业教师队伍的关键。当前新增的专业要求所要培养的人才必须具有实践能力、创新能力、综合能力和职业能力，要能够适应社会产业新技术的发展，这就要求专业教师除了要具备丰富的专业基础知识，还应具备专业实践能力以及强烈的创新意识，具备能够跨学科科研的能力，这也是专业建设管理特性所要求的。

高校要严格控制新建专业教师的准入标准，招聘的教师除了是博士学位以外，还应有 3 年以上的企业实践经历，只有这样才能确保招聘的教师除了拥有丰富的理论知识以外，还拥有较强的企业实践能力，能够对学生的实践能力进行较好的培养，了解企业的用人需求，更好地培养学生的职业能力。

高校在引进教师时还要注意教师学科背景的多样性，在引进教师时要注意考察教师的综合能力以及跨学科科研的能力，这样才更有利于学校科研项目的开展，才能更好地进行专业建设管理。另外，高校还可以聘请科研院所或在当地企业具有丰富技术经验的专家为学校的兼职教授，可以为学生讲授最前沿的学科专业知识以及自身丰富的从业经验，提升学生培养质量，进而提升学校办学质量。总之，高校要严格把控教师准入标准，遵循理论知识与实践能力并重的原则，为新建专业选拔一批真正有能力、高水平的教师队伍。

（二）加强在职教师培训，重视双师型教师培养

高校要打造一支高水平的教师队伍，除了在教师入口处把好关之外，还要注重对相关的原有专业以及新涉及的有关专业教师的培训，提升这些教师对专业建设管理的认知，完善教师的知识结构。

一是教师要有自主完善自身知识结构的意识。随着互联网的崛起，智能技术快速发展，在职教师应主动了解学科前沿动态，通过互联网等方式积极探索专业理论，扫除自己的知识盲区。

二是实行"师带徒""一对多"帮扶机制。高校可以在原有学科专业内挑选出一批德高望重的教授成为骨干教师，由这些骨干教师成为领头羊，对新建专业内经历尚浅、能力不足的新青年教师实行帮扶培训，针对新青年教师在授课或科研中出现的问题进行

指导，每位骨干教师可以帮扶多位新青年教师，将自己的经验传授给他们，逐渐提高新建专业教师队伍质量。

三是高校可以邀请对本专业深有研究的院士专家或企业资深技术人员来校开展讲座活动，要求全校与该专业有关的教师都参与。讲座活动的开展可以让在校教师对学科前沿有一个更加清晰的认知，在相互交流讨论中提升自己的学术水平。

四是高校还要选派优秀骨干教师去参与国内外专业研讨会。除了可以在研讨中共享知识，扩宽自己的学术视野外，还可以将专业建设管理的优秀经验带回本校，为本校的专业建设管理提供理论支持，避免走入误区。

五是积极鼓励专业教师到当地企业中参与实践。在学校中学习到的始终是理论知识，只有到真正的企业中才能对新技术的发展有一个真实的感受。因此，高校应定期让教师去当地企业进行一定时间的实习实践，与企业员工一起进行项目研发，重视自身实践能力和创新能力的提高，确保自己的知识水平和实践能力始终能够紧随时代发展，为专业建设管理提供技术支持。

（三）建立教师激励制度，激发教师积极性

一是建立教师奖励体系。高校除了确保教师的薪酬合理之外，还应对表现优秀的教师给予一定的奖励。高校可以成立多种教师发展基金，为教师自主要求的自我深造提供资金支持，鼓励教师提高自己的专业水平，还可以设立教学质量奖，通过学生对教师的纵向评价和教师比拼的横向评价，促进教师教学质量的提高。

二是学校要增加对教师科研项目的支持力度。要想更好地进行专业建设，提高专业的质量，教师自然就需要开展多项研究，而经费不足是不少教师无法顺利开展研究的主要原因，高校要尽力满足教师的经费需求，确保教师科研项目的顺利进行。

三是高校可以将教师的教学科研能力与职位晋升挂钩。可以根据教师的教学质量、科研成果、学生评价等对教师进行综合评价，将教师的综合能力结果量化，在教师间形成竞争机制，激励教师全面提升自身实力，在教师间形成能者居之的氛围。

六、提高科研能力水平，增强社会服务能力

创新是我国科技不断发展的动力，加快建设成为创新型国家是我们国家的奋斗目标，更为广大科技工作者提出了要瞄准世界科技前沿的努力方向。高校是创新成果的主要产出地，为我国不断涌现的创新成果贡献了力量，是科技前沿成果的聚集地。而高校进行专业建设管理有利于促进新技术的产生，不断提升高校自身的科研能力水平，有利于促进当地的经济发展，更有利于提升我国的创新水平。

（一）以"放管服"为依据，加大科研经费投入

高校要加大对相关专业科研经费的支持力度，以"放管服"为依据，加强科研管理处、财务处、科研团队之间的沟通，完善全面预算制度，加强对经费支出的监督，增强管理部门的服务意识。

专业建设管理是一个系统性的工作，在进行科技成果研发时可能需要多个学科专业的参与，以往的经费管理制度可能不再适用于新建专业，高校要依托"放管服"的新政策，加强对新建专业的经费管理。首先，有关部门要简政放权，对于科研团队要扩大自主权，减少行政政策的束缚，减少审批环节。新建专业可能是一个多学科专业参与建设的专业，其实验室的组建和科研团队人员的构成有其独特性，对于其科研设备的购买以及差旅会议费用可在不超出预算的情况下自由调配。其次，要完善简政放权制度，一味地简政放权也是不可取的，极易发生科研经费的浪费，甚至是滋生腐败，因此还要在合理的尺度范围内对科研经费进行监督。对于科研团队对经费的申请、审批、支出、报销等步骤都要进行审计监督，由于新建专业的复杂性，可以设置一名科研财务助理，充当财务与科研团队沟通的桥梁，对于科研团队的经费执行情况进行准确记录，监督每一笔经费的支出，避免超出经费预算编制计划的情况出现，确保经费的合理支出。最后，要提高管理机构的服务质量，减少推诿扯皮，做到权责对应，建立经费管理责任制，面对新建专业的全新性，要优化服务，缩短经费到账时间，简化审批流程，消除科研团队的后顾之忧，让科研团队能够全身心地投入到专业建设管理中来，投入到科研项目中来。

高校要将科研经费进行适当倾斜，加大科研经费的投入，以保障科研项目的软硬件建设，尤其是综合实验室以及创新型实验室的建设，都需要配备专门的实验室以及实验器材。经费是科研工作顺利进行的保障，只有经费到位，科研团队才能心无旁骛地进行科研工作，进而提升学校的科研水平。

（二）建立科研激励制度，提高科研团队效能

高校在进行专业建设管理时，要注意改变以往教师认为科研和自己没有关系，改变科研距离自己很遥远或者科研就是写论文发论文的错误思想，建立科研激励制度，鼓励教师人人都加入到科学研究中来，激发教师参与科研的兴趣，提高科研团队进行科研的效能，以催生更多的科研成果。

高校要针对新建专业建立公平合理透明的激励制度，转变以往的激励意识，不再仅与职称晋升挂钩，要通过多种方式进行激励，从物质层面到精神层面对科研团队进行关怀，确保科研团队的付出与收获成正比。

高校应通过多种形式的交流与调查，如定期召开科研团队座谈会或者私下谈话等形式，明确了解科研团队的需求，真正了解教师的内心诉求，通过多种激励方案，体现高校对教师的人文关怀。还可以针对新建专业的科研团队建立考核激励制度，针对科研团

队的科研成果、科研质量进行考核，设立多种奖励制度，给予物质和精神的双重奖励，既满足教师的物质需求又提升教师进行科研的自信心。还要多鼓励教师出去参与专业建设管理或者新技术研讨的科技前沿会议，通过报销差旅会议费用免除教师的后顾之忧，使教师能够积极参与，通过吸收新思想，提升科学研究的效能。

（三）提高科研成果质量，加快科研成果转化

科学研究的最终成果应当是为社会经济发展服务，要加大对高等院校、科研院所等科技成果转化的激励力度，科技成果转化是高校科技活动的重要内容。教育部原部长周济曾对高校的两大职能——科研和为社会经济发展服务作出过明确要求，他指出：高校特别是高水平大学更应该坚持顶天立地的方向，上要"顶天"，下要"立地"。"顶天"，就是要重视对当今世界科技前沿研究，不断围绕国家战略发展需求创造国内外高水平研究成果；"立地"，就是要围绕国民经济和社会发展的需求，从实际情况出发，加大研发力度，切实解决发展实践中大量的科技问题。因此，专业的科研成果要与社会需求紧密相连，要加强科研成果的转化，将研究的新技术尽快应用到行业产业中去，推动产业结构的转型升级。

当前企业的核心竞争说到底还是科学技术的竞争，要想实现真正为社会服务的职能，实现科研真正的"顶天立地"，高校就要要求专业的科研团队摒弃掉以往为职称、为物质奖励进行科研的想法，要充分与专业建设管理相结合，提高科研成果质量，要让科研成果具有丰富的经济价值和社会价值，真正做到科研成果为社会服务而不是仅为项目经费或职称而搞科研。

高校还应加强校企合作，搭建校企合作平台，针对企业需求，由企业出资金、学校出技术共同进行科研项目研发，更好地满足行业产业的需要，为当地社会经济发展服务。在对专业的科研项目进行审核鉴定时，要转变以往以论文或科研成果数量为主的鉴定形式，加强对科研成果的管理，重视科研成果的转化。在对科研成果进行考核时，以科研成果的转化为最终目标，针对科研成果转化程度建立不同层次的奖励机制，以便加快科研成果的转化速度，进而提升专业的科研质量，以新技术推动当地企业的产业升级和创新，增加其产品的科技含量。高校除了根据企业需求进行新技术的研发外，还应针对新建专业的科研成果设立科研成果推广部门，利用微博微信等互联网平台对科研成果进行积极宣传推广，便于让社会企业及时了解最新的科研成果，加快科研成果在企业中的转化，提高科研成果的应用率，为当地行业企业的发展服务。

要重视专业建设管理与社会发展的联系，积极创新，对专业建设管理中的科研成果多加关注，摒弃掉以往重数量轻质量的鉴定形式，加快科研成果的转化率，真正做到为社会服务，与社会实际需求挂钩，促进新技术新产业的诞生，引领市场经济的发展。

七、注重文化引领，重视国际交流与合作

2017年习近平总书记在十九大报告中指出："文化是一个国家、一个民族的灵魂。文化兴国运兴，文化强民族强。"高校除了人才培养、科学研究和社会服务的职能外，还承担着传承中华优秀传统文化的重任，高校在建设专业时就要将中华优秀传统文化、中国标准注入到专业建设管理中。随着全球经济一体化进程的加深，国际交流与合作愈发频繁，高校还是国际交流与合作的重要场所，在进行专业建设管理时，要加强国际交流与合作，引领文化发展潮流。

（一）加强文化建设，承担文化传承的责任

高校在进行专业建设管理时，要充分发挥文化传承与创新的职能，要注重加强文化建设，将中华传统文化融入进来，并在发展建设中逐步创新发扬，让中华传统优秀文化重焕光彩。

在进行专业建设管理时，可以在课堂中加入中华优秀传统文化，让学生对中华优秀传统文化有更加深入的了解与认识，有利于中华文化的传承。还可以将专业建设管理中的现代科技与中华优秀传统文化结合起来，通过文化与科技的激烈碰撞，从而促进新事物的诞生，为社会发展增添新的发展动力。另外，还可以通过举办各类的国际文化活动，如诗词大会等各类活动，让国内外的学生领略中华文化的博大精深。完善中外人文交流机制相关制度，积极开展国际理解教育，通过与专业相结合打造一批独具中华优秀传统文化的品牌项目，积极开展中外交流活动，有利于中华优秀传统文化走向世界，实现专业的文化传承作用。

（二）树立国际化理念，注重国际交流与合作

随着新一轮全球产业革命的进一步升级，高校在建设专业时，要树立国际化理念，注意与国际接轨，积极吸取国际先进经验，通过取长补短，更好地提升自身专业建设管理水平以及科研能力，扩展专业的视野，推动新建专业与世界各国在文化、科研、人才培养等方面的交流，更好地进行专业建设管理，提高高校的竞争力。

随着经济全球化的快速发展，开展国际交流与合作已成为世界高等教育发展的必然趋势。高校作为人才培养、科学研究、社会服务、文化传承的重要场所，自然也肩负着国际交流与合作的重任，因此高校为更好地建设专业要积极"走出去"，要积极派遣教师学者参加国际学术会议以及对合作高校进行定期访问与师资培训，教师要积极进行国际交流。拥有丰富国际交流经验的教师可以推动教学、科研向国际化方向发展，因此通过派遣教师参加学术会议或到国外高校进行留学培训，都可以将国外先进经验带入到本校专业建设管理中来，与此同时，还可以将中国智慧、中华优秀传统文

化输送到世界各地。高校除了派遣教师外,还要积极鼓励新建专业的学生参与各类国际赛事以及国际科研项目,或到国外留学以拓展自己的国际视野,借此培养学生成为具有国际化视野的人才。

  高校除了"走出去"之外,还要随着全球化进程的加快和"双一流"办学目标的提出,变得更加开放,要积极"引进来"。高校为将专业建设管理得更好就要大力邀请外国学者来校讲学,通过学者建立校与校沟通的桥梁。还要大力推进国际高校间的产学研合作,利用国外的先进技术和雄厚资金联合建立实验室进行科学研究。随着国际化进程的加快,高校要不断加深合作的广度与深度,由单一的学术科研交流向多层次、多渠道、全方位的实质性科技合作发展,为自身科研水平的提升和人才培养质量的提高创造条件,通过多种模式进行联合办学,助力专业的人才培养理念、课程设置、实践教学、认证评估方法等方面与国际先进水平接轨。高校还可以积极吸收外国留学生,这也是国际交流与合作的一大途径,高校要将自身所办专业打造成为国际交流与合作的重要场所,逐步承担起国际交流与合作的责任。

第四章　高校课程管理探索

第一节　高校课程管理概述

一、高校课程管理的内涵

高校课程管理主要体现在课程目标、课程内容和课程实施中，不同年级的课程要素也会在课程价值动态变化中不断创新发展。高校课程在具体的情境中也会体现出不同的课程管理方法。

（一）高校课程的培养目标

高校课程的目标通常具有促进大学生的全面发展和促进专门人才的培养两种取向。促进学生本身发展或者为社会发展服务是课程目标两种最为明显的区别。

以"学生"为主的课程目标，强调学生是课程的基本着眼点，关键是促进学生的自我实现。高校课程目标是培养学生，以满足学生发展的需要。强调学生全面发展，注重学生的兴趣、情感等内在需要。以学生为中心的课程，更加注重过程，即学生在课程中的内在收获，而非外在结果。

以"社会"为主的课程目标，旨在培养能够为社会服务的人才，强调课程教学要为"社会"的发展服务。以社会为中心的课程，更加注重培养专业性人才而非满足人本身的需要。其教育的目的是单一的、外在的、更加注重结果的。

高校课程目标基本围绕学生和社会这两个主体来讨论，现实的课程目标并不一定是非此即彼的，可能会有折中和融合。会依据不同的历史背景或者具体的情况而更偏向社会或者个人。

（二）高校课程设置

高校课程的设置主要分为通识课程与专业课程。高校中的课程设置体现了课程目标，我国高校课程设置所体现的倾向，主要表现在对通识课程与专业课程的权衡与选择上。

以学生为中心的课程,在课程设置中会更加关注通识教育课程的内容,即涉及人文、自然与社会知识的"共同内容"。通识教育课程旨在使学生形成宽广的知识基础和合理的能力结构,成为具备远大眼光、通融识见、博雅精神和优美情感的人。通识教育课程主要讲授非专业性的、非功利性的基本知识。在通识课程中,侧重强调如文学、历史学、哲学、逻辑学等人文性课程。这些知识能够促进人的自由和全面发展,体现人的意义与价值。

以社会为中心的课程,则更加侧重专业教育课程。专业课程强调学生对学科知识的掌握,注重科学化的、理论化的、专业化的知识,重视课程的实用性,比如理科、工科专业课程。社会主义课程取向下的课程,往往重社会课程而轻人文课程,重实用而轻理论,重对口而轻基础,尤其是重适应而轻超越。问题不在于所重视的方面,而在于轻视的方面。

两种模式下的课程内容都各有其价值,不管是对社会发展还是人的发展都有重要的作用,但是专业教育课程目前仍占主导地位,因此影响了人的全面发展。

(三) 高校课程实施

高校课程实施是一个复杂、动态的过程,是实现预期的课程理想,达到预期课程目标的基本途径。课程实施过程的倾向受课程目标和教师的教育理念等的影响。课程目标主要是学生和社会两种取向,课程实施受其影响通常体现关注学生个性和共性两种取向。

关注学生个性的课程,突出个人本位。课程实施过程中强调学生兴趣和个性的发展,因此会结合学生的需要与兴趣安排课程。课程实施过程注重课程的生成以及学生对知识的自主探究与质疑。强调知识获得对学生成长的意义,更注重教学过程。所以课程内容不是固定的,教学的流程也并非一成不变。

关注学生共性的课程,突出社会本位。课程实施过程以知识的传授为主,更加注重学生对知识的获得。教师通常将人视为社会环境和教育的产物,认为人是一个认识体,人的本性是社会性,因此课程实施更多强调统一和服从。注重培养社会需要的人才,以社会发展的需要来设计教育活动。课程通常是按照提前设计好的教学方案进行教学,以固定的模式和方法来传授知识、对待学生。课程强调知识的外在实用价值,更注重教学结果。

二、高校课程管理建设的基本原则

（一）人本性原则

"人本"顾名思义，就是以人为根本，以人为一切工作的中心和出发点，注重人的积极性、主动性、创造性以及潜能的发挥，实现人的发展、社会的进步。

在高校课程管理中，必须坚持人本性原则。在高校所有的课程管理中，教师资源是重中之重，是资源配置的实践主体，也是高校赖以生存与发展的关键。只有一流的专业教师，才能培养出高质量的学生，创造出优秀的教学科研成果，得到社会的尊重和认可，进而赢得更多的课程资源，缓解资源紧缺的现状，形成良性循环。高校在制定人才培养目标时，也必须坚持人本性原则，构建应用型的人才培养模式。学科建设、专业设置、课程开设等，也要从学生的多样化发展需求出发，及时更新教学内容、教学手段，不断丰富课程管理，培养多样化专门人才，满足地方社会多层次的发展需要。

（二）目的性原则

目的是行为的先导，规定着行为的方向和价值，并贯穿于行为的整个过程。目的性原则，是指导高校课程管理的总的原则，一切配置行为都是围绕着学校建设的总体目标进行的，从而为实现学校整体发展目标服务。

高校课程管理的目的性原则，集中表现为两层含义。

（1）要根据明确的目标指向来配置高校的各类课程资源。比如高校在进行课程管理时，不仅要根据不同学生的不同需求和学习特点来设置课程，还要考虑地方社会政治、经济、文化建设的多元化需求。

（2）所有的目标必须有相应的课程资源来对应。这要求决策者对学校建设目标系统中的各个大小目标都有清晰的认识，以此建立最优的资源配置方案，提高课程管理的科学性。

（三）系统性原则

将高校课程管理看作是一个复杂的系统，该系统是由多个子系统构成的，作为这些子系统的课程要素包括教师、学生、教学环境、课程管理及课程评价等多个方面。坚持课程管理的系统性，有利于充分发挥各个子系统的整体功能，实现整个系统的总体目标。

高校课程管理在进行资源配置的过程中，要坚持系统性原则。首先，要对课程资源的各个构成要素建立充分的认识，了解它们的具体特性及其作用功能，只有这样，才能有的放矢地合理配置课程资源，保障每个课程要素都能发挥最大功效；其次，不同课程要素之间是互相联系、相互契合的，具有不同的组合方式。如何对这些不同的课程要素进行多样化组合，需要考虑不同学科、不同专业、不同课程的特点及发展要求，这样才能保障课程资源整体功能的发挥以及课程活动的有效实施。

（四）协调性原则

协调就是要配合得当，和谐一致，尽量减少矛盾，将消耗降至最低程度。在当前高校课程资源相对紧缺的情况下，为了适应高等教育大众化的发展进程，高校在进行高校课程管理中必须坚持协调性原则，以最大限度地实现高校课程资源的公平配置、协调发展。

高校课程管理的协调性原则，包括两个方面：①外部协调，主要是指高校内部课程资源的配置必须与当地经济社会的发展要求相适应。高校办学定位、人才培养模式等的确定，要考虑当地的实际发展需求。在依托于当地资源办学的同时，也要积极主动地为当地社会的发展提供服务。②内部协调，主要是指校内课程资源在不同院系、不同学科、不同专业间进行配置时，必须兼顾效率与公平。在坚持效率的同时，提倡合理竞争；在考虑公平的同时，也要关注投入与产出。

（五）可持续性原则

可持续性就是要求资源的可持续利用，不能只顾眼前利益，而不顾长远利益。高校是非营利性的社会公益组织，不能只顾效益而不顾成本。

高校在进行课程管理时，必须坚持可持续性原则，既要满足高校当前的发展需求，又要考虑高校长远发展的需要，以保障课程资源的可持续性利用。高校的各类课程资源，如教室、实验设备、教学仪器、图书资料、专业教师等，都处于持续使用、不断消耗的过程中，并不是取之不尽、用之不竭的。为了高校的长远发展，一方面要切实提高现有资源的利用率，通过加大对课程管理的监管力度，实现资源共享等方式，尽量减少不必要的资源浪费和重复建设；另一方面必须合理开发利用高校的各类课程资源，实现资源的补偿和再生，避免枯竭，从而保障高校的可持续性发展。

三、高校课程管理的重大意义

（一）高校课程管理的理论意义

1.课程管理理论

课程管理不仅是一个研究领域的开拓，而且是课程理论研究逻辑的发展，是课程理论的自我完善。我国有学者较早就注意到了课程管理的问题，指出课程管理理论与课程设计理论、课程评价理论一样，是课程理论的一个重要组成部分。课程理论要走向成熟，首先要解决课程理论中的课程开发、设计、评价等基本理论问题,随着课程理论改革的深入,课程管理问题就必然要提到议事日程上来,课程管理与整个课程领域的问题及其他问题都相关,重视课程管理的作用和研究也是课程理论自身发展的要求。

2.高等教育教学管理研究的必要补充和突破

高等教育教学管理研究与高校课程管理研究在总的指向上是一致的,都是为了更好、更有效地实现培养所需的人才,更好地满足高校与社会的要求。高等教育教学管理已成为一门独立的学科,其主要内容是高等教育体制、教育方针政策、高等教育领域、教育经费,及高校内部管理中的学校组织、人事管理、教学管理、后勤管理等,而高校课程管理涉及的问题具体得多,如课程标准的制定、课程实施过程的监控及管理机构的设立权限、职能的规定,它们都是具体的工作。高等教育教学管理学涉及的是整个高校管理领域的问题,它能提供的是适用于各种问题的原理的内容,以及对高校管理的分析框架。它的一般理论特性使其不能对课程这样的特定领域作出直接的运用,而且由于高等教育教学管理学研究范围的限制,它也不能对课程管理的问题作出详细的讨论。所以,正像教育理论不能替代对高校课程管理的研究一样,开辟高校课程管理研究领域就非常切合于理论与实际。

（二）高校课程管理的实际意义

1.促进高校管理观念的转变与确立

高校的管理运行机制长期习惯于自上而下的行政控制与管理,学校的设置与发展规模、学生的培养要求等都是由国家计划限定的,这种无竞争又无淘汰的运行状态极大地限制了高校自我发展的能力。如今,对包括课程编制在内的人才培养的全过程进行管理,正在成为一种新的大学管理理念,高校课程管理领域的出现反映了我国高等教育教学管理领域在思想观念上的变化。高校课程管理理论的建立,要以课程评价、课程设计等理论为基础,以人员管理、机构调整等观念的转变为前提。高校课程管理领域的开拓,会推进高校管理观念的转变,从而促进新领域的确立。

2.促进课程行政的顺利转轨

我国高校一直由中央统一管理,形成了高度集中的大一统模式。此种情况如果在建国初期的特定情形之下是适应的,但是经过长时间的课程变革和社会大环境的变革,课程领域出现了许多新的情况:课程要求增加弹性和灵活性、学校课程决定权归属、及时按人才培养调整课程内容等,这些也是学校课程管理要研究的。课程管理研究内容的变化,倒逼课程管理体制作出相应的变革。课程行政转型之后,又可以使学校课程管理更加灵活有效,有利于调动中央、地方和高校三方面的积极性;有利于中央、学校课程管理各司其职,明确权限,提高课程管理水平。

3.促进高校课程改革发展

课程改革是整个教育改革的突破口，课程改革是教育改革成败的关键。课程改革是一个系统的过程，其组织、实施、评价和推广等需要课程管理的介入。假如这些工作不能实现，那么课程改革就不能取得良好成效。我国的课程管理水平已经落后于课程改革的需要，课程改革的深化正期待着课程管理水平的提高。

第二节 高校课程管理的路径探索

一、优化课程教材管理

（一）严把教材选用质量关

教材作为知识载体是培养人才、传授知识的重要工具。它具有稳定教学秩序、保证教学质量、创新教学内容、引领教学方向的作用。近年来，我国高等学校连年扩大招生规模，社会对人才的要求也越来越严格，也对高校培养人才提出了更高的要求。要保证人才培养质量，就必须认识到教材在教育活动中的重要性，严格把控教材选用的质量标准。

尽管各层次的高校对教材选用的要求千差万别。但都贯彻着统一的原则——以择优性为主要标杆，同时兼顾试教性、科学性、系统性、平衡性。基于以上原则，提出以下措施，具体如下：

1.选用高水准优质教材

加强选用管理，消除教材选择的随机性，并确保教材选用的科学性和适教性。首先是要落实教材选择程序的执行，继续加强教材选用程序的规范程度。教师列出备选教材清单后，需要由教研室、学院、教材主管部门逐级进行讨论审查，相关领导确认审批。在审批过程中，各级主管必须严格遵守原则，以确保所选教材的质量。严格遵照教育部"凡选必审，质量第一，适宜教学，公平公正"的教材选用原则。

其次，保证高质量的教学质量，就要选用高水准的优质教材。教师在选择教材时，要优先选择教育部规划教材、国家级重点教材、省部级优秀教材及各类获得国内外教材评选奖励的优质教材，保证达到较高比例的优秀教材选用率。在选用高水准教材的同时，教师也应注意要缩短教材使用的周期，加快教材的更新换代，保证近三年出版的新教材使用占据较高的比例。此外，鼓励引进国外先进的、能反映学科最新发展动态的外文教材。

2.建立反馈机制淘汰劣质教材

及时对选用的教材质量进行跟踪调查，这是一种非常有效的质量保证措施，制定有效健全的反馈制度，无论是专业课程、必修课程还是选修课程或实验课程，都应该根据课程设置和实际教学情况选择教材。因此，在每学期结束时，都应邀请师生有效地评估本学期使用的教材，不符合评价指标或师生使用感不好的教材，在下次订购教材时不得选用，并将情况以书面形式报校内本科教学部，先由学院自评，本科教学部再对各学院自评情况抽查，全面掌握教材质量情况，以此对学院下学期的选用教材进行改进和优化，保证教材选用质量。

3.提高教材管理队伍的素质水平和业务能力

提高教材选用质量也离不开教材管理队伍的支持。教材管理人员在提高选用教材质量方面起着关键的作用，应提高其素质水平和业务能力，使其在全面了解各专业的培养目标、教学计划后，能够心中有数，提出教材建设的合理意见。总之，把好教材选用质量关是教学管理工作的重要一环，在保证教学质量中具有关键性作用。

（二）强化新形态教材的建设

毫无疑问，新形态教材比传统的纸质教材具有更多的优势，学生可以更方便地阅读，平台可以为学生提供更多的售后服务。在信息技术的支持下，数字资源可以得到更迅速的更新，且随时可以扩展，易于学生学习。新形态教材在国家的推动下已经有了一定进展和实施，但仍在某些方面有待完善。

1.构筑数字化教育生态环境

目前，高校新形态教材的应用和推广情况并不理想，首要任务是要加强数字化环境的建设，数字化环境可分为软环境和硬环境。数字化软环境就是指数字素养的培养，尽管大学师生的数字素养观念有一些积极的进展，但仍有待进一步完善。因此，要引导他们以全新的思想观念重新认识数字教育，从思想上作出改变，新形态教材才能得以健康发展。

硬环境是指数字化教学环境的建设，其中包括稳定可靠的网络信息平台、数字教学设施、教学资源系统和强大的技术支持系统。高校可以将数字教材整合到数字化环境的学习中，同时将数字教材与其他数字学习平台深度融合，从而大大增加新形态教材应用的概率。

目前，学生阅读和学习数字资源时，通常是通过网页浏览器完成，效率低下，削弱了学生学习的效率，也使数字教材的学习效果大打折扣。因此，在开发新形态教材时，研发人员要努力开发出可以支持多类型智能终端的应用程序，提高学生学习的效率。若通过应用程序进行教学，新形态教材将成为教材的主要形式，占据有利地位。这样一来，学生可以一边读书一边做笔记，大大提高学习效率。同时，与浏览器相比，智能终端应用程序更封闭，能够有效保护知识产权。

此外，研发人员可以通过技术手段将与学习无关的程序锁定，使学生能够集中精力阅读，从而提高学习效率和质量。因此，在新形态教材的建设和应用中，智能终端应用程序是不可省略的辅助工具。但是，在开发应用程序确保其有效性时，还必须考虑集成平台下各种手持智能终端的差异，增强应用程序的兼容性，保证每个终端的体验感良好。

2.创建支持新形态课程教材的教学模式

目前，翻转课堂、慕课和微课等新模式受到高校教师的广泛关注。不同的教学方法具有不同的特点，使用新形态教材的形式也不同。在提供新形态教材的同时，要尊重不同专业学生的学习模式和学习需求。以翻转课堂为例，学生在课下自主学习，课堂中的任务是通过探究性学习，巩固、总结、反思、消化知识，并利用测试来检验学习成果。因此，高校有必要提供相关教与学的环境，支持学生课后的自助式学习模式，新形态教材可以为这种教学模式提供学习的平台与条件。另外，教师必须转变观念，才可以带动新形态教材下课程教学的改变，未经教师认可的新形态教材是缺乏生命力的。教师应仔细研究如何将数字教材真正地应用到课堂中，如何最大限度地利用数字教材。

在国家的大力支持与开发下，我国数字化资源源源不断地涌入师生的视线，学生们可以从互联网上直接获取数字化学习资源，方便又快捷。在开发新形态教材时，教师可应用线上优秀课程和数字材料，以形成在线教育和课堂教学材料的有机结合，开创新的教学模式。

3.构建新形态教材立体化发展模式

当前，我国新形态教材的发展模式有三种：以终端硬件供应商为主、以网络运营商为基础、以内容为主的供应商开发。不同学科的地位和利益分配因开发方式的不同而大相径庭，三方都希望在开发过程中占据绝对优势。但事实证明，任何一方都很难单独占据垄断地位。从未来发展趋势看，数字教材的优势集中展现在教材的更新速度、与应用程序的结合、帮助学生集中注意力提高学习效率等方面。因此，加强三方合作，建立三对一合作的三维发展模式，才能提高新形态教材的发展速度，为广大师生提供更好的课程教材内容和课堂服务。

（三）鼓励教师编写教材讲义

高校应发挥内在优势，积极组织编写教材，支持优秀教材走出去，提高我国学术的国际影响力。对于具有校级、省级等特色的专业，学校应积极规划并制订课程计划，增强对校内教材、讲义等教学材料编写的质量监察，自我开展自编材料的评优评奖工作，并推荐获奖材料出版。高校自编教材必须严格遵循出版的要求进行编写，提前汇编大纲，以保证完成的质量。

当前高校要高度重视新高考改革暴露出的一系列问题，解决这些问题最直接有效的办法就是重新审视教材的顶层设计。招生考试改革的实质是改变人才培养模式，这不仅要看顶层设计，也要看在执行过程中的落实情况。新高考改革能否真正实现对素质教育的导向作用，不仅是对中学的考验，高等院校更应做好后续的接力工作，顺应新高考带来的生源结构变化，补齐学生的短板，协调课程教材与学生高中基础课程及后续专业课程内容的内在逻辑性，以确保学生专业知识的完整性和系统性。

正视新高考改革中高校招生录取制度面临的困境，对于高考选考产生的教材遴选难问题，高校应做两手准备。①高校针对专业基础要求较高的课程，从源头上对专业课程设置重新规划，将高中所缺乏的课程以必修课的方式进行，教师有必要针对这一问题自行编写符合本校专业特色、学科设置、生源结构差异的教材，在大一为学生们打好基础。针对"新高考"改革带来的学科规划建设进行宏观层次指导，促进开发和改进与各个专业课、公共基础课及所使用的课程材料的设计。当然，重新规划、编写教材是一个十分漫长的过程，教师不仅要保证教材编写的速度，更要严格遵循教材编写出版的规定与程序，保证教材质量，鼓励教师多出教材，出好教材。②积极为与专业培养计划基础有差距的学生开设基础预科课程，以应对暂时性的教材缺失。学校在开学前就应对学生做好统计工作，对有意愿报名参加预科课程的学生，依据学生的意愿自愿报名进行预科教材的征订，以避免在开学后措手不及。这项工作，教材管理人员不仅要做好，还要做细。依据专业教学计划，充分考虑学生自身发展与专业需要带来的影响，统筹教材管理。认真核对招生计划和选课计划，以及教材的版本和数量等，引导学生适应新高考改革带来的学习能力的差异，确保顺利应对新高考改革为高校带来的生源结构和育人生态的变化。

高校编写一本优秀的教材，不仅可以解决教学的紧迫需求，而且可以更好地体现地方特色，提高教学质量。一般来说，统一编写的教材质量固然不错，但正因为它是统一编写的，其内容往往更侧重于普遍的、共性的问题，无法解决各个地方的个性化问题，而各高校教师自编教材则使这个问题迎刃而解。同时，鼓励教师自编教材也是锻炼培养教师的有效途径，有助于提高教师，尤其是青年教师学术水平和理论知识，帮助他们更深刻地理解掌握学科的内部关系与逻辑，促进教学内容及方法的改革，提升教学质量。

（四）优化教材评价激励机制

教材评价功能对作为消费者的学生来说最具有话语权。教材的内容、编辑、图形和文本质量以及课程学习的收获都可以反映在学生评价中。教材的质量常常需要全面评判，对教材质量的要求也会随着时间而变化。因此，如何提高教材选择的科学性，对教材有一个客观全面的认识，教材评价可以作为一个关键参考。

教材评价机制不是某些指标的累积和随机性的组合，而是根据适当原则建立起的可以反映教材质量的一组指标。首先是教师自查。教师要审查选用教材的适应性，这里的适应性不仅包括与教学大纲、教学目标的适应程度，也包括教材与学生的适教性，教材是否有利于学生自学，结构框架是否安排妥当等。其次是专家评审。专家评审应具有一定的思想高度，主要考察教材内容的学术性、结构的系统性、思想的逻辑性、风格的创新性、表达的规范性、图文印刷的标准性等。再次是学院考核。在教师和专家进行评审后，学院也要制定合理的考核指标，这将直接影响到学院甚至学校的教材管理情况。学院考核的标准应当包括优秀教材选用率、规划教材使用率、近三年出版教材选用率、国外原版教材使用率等，并将这些指标纳入教学管理考核的指标中，全程监督教材质量。最后是学生评审。学生评价是从其亲身使用感受角度出发，评判教材中使用的文字规范程度，教师授课内容与教材的相关程度，内容的深度与高度是否符合自身的认知规律等。

教材激励机制是要消除教材管理中教师的不满情绪，完善制度建设，加大经济激励力度，创造良好的工作环境，从而提高教材管理工作的水平。

（五）有效提升教材管理工作效率

随着我国高等教育改革的逐渐深化，高校教材管理工作的重要作用不断凸显，直接影响着高校教学活动的顺利开展，而作为教材管理工作的实施者，高校教材管理人员的素质和能力显得尤为重要，这就要求他们不仅要拥有过硬的业务能力，还要具备强烈的职业精神、高度的职业操守，不仅能够准确把握高校教育教学活动的目标，更能从各个专业实际需求出发，对教材进行科学管理。

要不断加强对教材管理工作的重视和支持，不断加强职业精神的培养和锻炼。不断加大人财物方面的硬件支持，合理配置教育教学资源，注意加强对高校教材管理人员的选拔和使用，加强管理人员队伍建设。要不断创造载体和渠道，加大对现有人员的培训力度，通过召开培训班、专家讲座等方式，或者通过微视频、慕课等网络教学方式，不断提升教材管理人员的综合素质和业务能力。

要完善高校教材管理信息化系统的建设。以计算机网络技术为基础，提高信息传输的效率、速度和便利性。首先，应建立信息化管理系统，基于校园网实现高校教材管理的信息化。其次，通过信息管理系统，实现教材的选择、订购、发放、使用全过程中学校、教师、学生、供应商等多方实时对接，学校教材管理人员可以实时向供应商提出有关学校教学需求的反馈，保证双向沟通和信息交流畅通，有效帮助教材管理人员根据实际情况选择合适的教学材料。这样既能够节省大量的人力资源，同时还可以有效地节省管理时间。

重点培养技术过硬的管理人员，使之带动其他管理人员，提升整体管理人员的信息化管理能力，通过必要的培训、知识补充，现场技术指导等以各种方式为现有教材管理人员提供信息管理培训。此外，要积极引进和吸收具有优秀专业素养和信息管理能力的教材管理人才。不断加强高校信息化教材管理队伍，提升教材的信息化管理水平。

二、实施人文引领的高校课程价值管理

（一）突出以学生为主体的高校课程目标

教育的首要问题就是人，优化高校课程管理要强调学校应该培养"全面的人"。将育人与育才相结合是教育的关键。教育应该培养德才兼备、全面发展的人。

1.课程应以培养自我实现的"整全人"为目标

大学的教育应培养"整全人"，培养"整全人"的目标应在每一个专业与每一门课程中都得到落实与体现。传统的课程教育目标中，侧重学生专业知识与专业技能的掌握，注重培养人才，但是对于人本身发展的目标表述较为泛化或者忽视。这样会导致培养出的人是不完整的，发展是片面化的。比如职业能力、专业素养强但人文素养弱，缺乏理想与信仰的空心化的人，或者是缺乏职业能力与修养，只会空谈人文的边缘化的人。这是当下人文课程面临的困境，也是提出人文引领课程的必要性。

所以高校课程目标要强调培养"整全人"，课程改革要围绕"整全人"的目标，课程中既要求职业技能也应具有职业操守，既要有知识的传授也要有理想信念的引导。通过对课程的学习，学生不仅仅掌握了知识，还拥有能够自我实现的能力；不仅能够知道自己是谁，而且还能够听到内心的声音，找寻人生的真正意义。

课程目标的制定应该时刻以"整全人"作为准则，改变过去目标制定存在空泛化和形式化的问题，始终将"人是目的"作为终极目标，防止人在教育中被工具化和物化。在目标中要明确提出尊重学生的个性、培养学生健全的人格、尊重学生身心发展的规律、提高思维认知的水平等要求，使学生知识、能力、情感在现实生活中得到充分的展现，从而获得人生意义。

教育在人的发展中承担着更高的责任与使命，教育的核心作用或者初衷是"人"，每个人都可以通过教育实现自身的发展与价值。发展人的理性与非理性，引领人们追求真、善、美。这就要求高校的课程不仅仅应该帮助学生掌握生活的基本技能与知识，发挥知识的工具价值，为学生生存发展提供动力，更加重要的是还应该挖掘知识背后的人文价值，使学生不仅仅学会生存，还学会与他人相处，增强学生的价值理性，使其能察

觉到生命的真正意义所在，这正是课程应具有的终极关怀。

2.专业课程目标应具有明确的人文理念

整体上高校应该以人为目的，关注人，尤其在专业课程中也要有更加明确的人文理念。专业课程主要包括人文专业和非人文专业课程，非人文专业课程目标的人文性是最容易被忽视的，因此尤其需要被重视。

（1）非人文专业课程目标应体现人

当前高校专业课程目标的制定唯知识化与唯社会化的趋向明显，人们往往忽视专业课程隐含的人文性的因素。例如，科学课程不仅可以教人求真，掌握科学知识与技能，同时科学课程还具有人文性因素，如科学精神、科学家的品质、科学本身具有的美等，都可以丰富学生精神世界。只要教师在课程中注意引导，就可以潜移默化地影响学生，由此学生不仅仅是掌握单一的科学知识，而是形成了更为全面的科学素养。对于专业课程尤其是理科、工科类的课程，其目标要强调课程的人文性，在课程中让学生获得人文素养。在课程中体现人文性，培养学生的人文素养对学生的全面成长有着重要意义。

（2）人文专业课程目标更加人文化

现在许多人文专业课程目标职业化和专业化明显，人文专业课程所具有的人文性不足。人文专业的课程目标应该是更具人文性的，人文专业的课程也应是让人更加自由的。因此人文专业课程目标也要更加凸显人文性，更具人文化，发挥人文专业本身的优势，不能只顾专业知识而忽视人。

"人文素养"的培养对正处于世界观、人生观、价值观形成阶段的学生来说是十分重要的，因此在目标的设定中应该将有关学生人文性的培养目标细化，使其更加具体、可实施、更具科学性，防止课程目标的浅显化和分裂化。在当前大学课程培养目标中，有关学生人文素质培养的表述较为空泛，甚至存在"目中无人"的现象，大多以喊口号的形式在目标中体现，基本很难实行与落地。

美国麻省理工学院（MIT）确定的人文课程的培养目标中重点强调了学生能够将知识建立起现在与未来的连接；更加深入地了解与人类相关的理论、思想体系；认识不同文化、社会制度体系下的政治、经济和文化背景。对比我国许多高校专业人才培养方案中相对简单的"促进学生德智体美全面发展、人文素养的提高"的目标的表述，MIT的培养目标显然要更加具体可行，对我国当前高校课程目标制定有启发意义。课程目标会影响课程内容的制定以及课程实施等，所以要注重课程目标的人文引领性，将学生的人文性培养目标具体化，使学生从课程中能感受更多的人文关怀。

（二）凸显人文理念的高校课程内容

人文引领的课程价值取向致力于实现"整全人"的培养，在课程内容上也要满足和唤醒学生的人文需要，培养学生对自己所学专业的人文情怀，使其具有足够的人文理想与信念。同时挖掘每一门课程背后的课程文化,几乎一切的课程都根源于文化,现代课程的设计是将文化中最富有生命力的部分,如价值理念、原理、概念、工具性的知识和技能、态度,以尊重学生的生活为维度,按简约性、迅捷性的原则组织起来的过程。因此,我们应该重视每一门课程所具有的深厚的文化特质。

1.优化通识课程中的人文课程设置

随着通识教育、素质教育在我国不断地被重视,高校通识课程的比例逐渐增多,但是从整体来看,专业课程仍占据主要地位。通识课程中的通识不是通通都识,而是识通用之识,是给人更大的自由,能拓宽人的知识面,人文课程是通识课程中的核心。

在当前高校中通识课程的比例最多为30%,最少为10%,而在通识课程中,人文课程所占比例极小,除去传统的两课、大学语文这些必修的人文性课程以外,人文课程则更少。通识课程是大学生获得人文知识的重要渠道,而当前通识课程中有关人文性的课程设置较少,学生所能接受的人文知识有限,对学生成长是不利的。因此,高校应优化调整通识课程的设置,增加选修课程,并适当增加人文课程在通识课程中的比例。

高校要改变通识课程中人文课程因人设课的现状。首先,对于学校通识课程的设置要有专门的标准和规定,配备可以胜任人文课程开设的教师,而不是过于随意化,以保证人文课程开设的质量。其次,要增加选修课中人文课程可选择的数量,人文课程不能仅仅是对专业课程的补充,也不仅仅局限于传统的文史哲的课程,要完善选修课程中人文课程的体系,使课程内容设置更加合理,符合学生身心发展的规律。选修课程不应该仅仅是专业课程的补充,在选修课程中应该给人文课程留下更多的空间。

2.提升专业课程的人文性

人文引领的课程,应该彰显专业课程的人文关怀。高校的课程丰富多样,当前高校课程主要分为人文、社会、科学三大类,每一种课程所具有的价值都不相同,但是对人的发展都具有重要的作用,也都可以体现出课程的人文性。人文课程具有人文精神,能够提升学生的人文素养,帮助学生更好地认识"我";社会课程能够增进人与社会之间的联系,使学生增加与社会的共情,能够从社会角度对"我"有更加全面的认识;科学课程具有科学性、客观性,能够使学生客观地认识世界,科学课程背后的科学精神能促进学生在严谨的科学事实中,不至于放荡不羁,甚至违背客观规律,造成对人类和社会的破坏。因此在具体的课程设置上,应该促进三类课程的交叉与融合,使课程之间建立联系。将课程落脚在对人的关怀上,在专业性课程内容中挖掘人文性的元素,并将这些人文性元素整合成教学内容放到课程中,让专业课程更好地释放本身所具有的人文性。

我们应该赋予专业课程更多的人文性。首先,在大学的非人文专业的课程中,努力挖掘专业知识背后的精神与文化内涵。使学生在掌握专业知识与技能的同时,能够有崇高的专业理想与专业的人文情怀。其次,在人文专业的课程中,应该摒弃传统过分注重技巧、知识的传授的现象，发挥人文课程对于学生人文精神涵养的作用。课程设计也要依据人的本性（如人的潜能、发展、需要、变化等）来理解课程。当然也需要通过社会来思考课程，但追本溯源社会是由每一个单独的人构成，通过社会理解课程的必要性仍源于人或基于人。透过自然来思考课程亦然，人被自然孕育自然必然恩惠于人，通过自然来理解课程的必要性既源于自然也源于人。

专业课程中包括人文专业的课程，如文史哲等课程，也包括非人文专业的课程，主要是理工科课程，如物理、化学、生物等课程。仅仅依靠通识课程对学生进行人文性的熏陶是不够的，在通识课程体现人文，而在专业课程中"目中无人"的分裂式的教育不利于学生的全面发展，我们要坚信人文引领的重要性与必然性。

（三）体现人文性的高校课程实施

课程实施是将课程目标付诸实践的过程，也是对课程内容进行选择的过程，最能检验课程是否具有人文性，是否真正落实全人发展的重要环节。现代课程对人类具有的普遍关怀应该有深刻的思考，而这种人文关怀关键就是落实到课程实施上，高校课程中呈现怎样的价值取向，可以通过课程实施环节作出判断。

高校课程目标与课程设置的具体设计通常是十分理想化的状态，是对学生能够获得多少知识，形成某种能力、品格、素养的一种预期。但能否在课程中实现这些预期的目标，还需要依靠具体的课程实施。要实现人文引领的课程，既要重课也要重程，课程实施是一个具体的过程，是一个可以不断创设与生成的过程，课程实施中所体现的取向对学生有着有指导性的意义。

1. 课程实施应基于人的特性

教育的逻辑起点是人，教育与人的关系十分的密切。人与教育的关系可以描述为：教育与人或者人与教育的关系最密切，教育是人类所必需的。教育学是关于人的学问，因此课程、教学中都应该见到鲜活的人，人存在于课程中，课程也存在于人中。在教学过程中，应该遵循人的特性，只有了解人身上存在的客观规律才能够更好地实现人的发展。张楚廷教授认为人具有五大特性："人有自生性，自己生长；人有自增性，自己增长；人有自语性，自己为自己创造语言；人有反身性；人有自美性。"这五大特性正如恩格斯所讲的坚持从世界本身来说明世界，从教育本身来看教育，从人本身来看人，因此充满人学意蕴和哲思。

第一，课程在实施过程中应关注学生的自生特性。人是能动的存在，人有潜在的才能与智慧，是可生长的，具有潜在可发展性。教师在教学过程中不能将学生理解为只会被动接受信息的工具，而是要尊重且推动人自然生长。

第二，应关注学生的自增特性。人是可发展的，课程应该发展人的可发展性，因为"人是有意识的存在物"，因此从学生本身出发，考虑学生需要并顺应人的发展是教育发展的推动力。

第三，应关注学生的反身特性。真正的教育源于人，是由人自身派生出来的，并通过自我对象化和对象自我化的方式来发展和获得新的生命。人不仅仅是有意识的存在物，更重要的还具有自我意识或者"我我"意识，所以教育活动过程应突出主客体融合的意义。课程实施过程要改变过分侧重学生知识的获得、师生在课堂的互动中以知识交流为中心的现状，要引导学生积极反身，将主体的"我"与客体的知识、社会等联系起来。从对客体的认识中来更好地认识自己，正确认识"我我"的关系，从而变成更好的我。

第四，应关注学生的自美特性，因为人在以反身为基本方式催动自己发展的时候，最需要的营养剂是美学要素，人是造物中最崇高、最完美、最美好的。人按照美的规律来构造，会在找寻美、追求美的过程中寻找不足，不断构建自己；美是人发展中的基本需要。人是美的存在，人是为美而存在的，所以教育的真谛是不断地揭示客观实际中必然存在的美，让美进入学生的心灵，满足人天生所具有的精神上的美的需要。现在课程中更多强调客观事实，缺少美，也缺少对美的引导，课程实施最不可忽视但又最易忽视的就是学生对美的需求，这是最基本的需要。

第五，关注学生所处的环境。在人的反身活动中，环境普遍起作用。环境对于人的发展进程，尤其对课程实施的过程十分重要，因为人在所处的环境中有主动适应性，所以课程创设的环境和氛围越好，学生能够利用所处的环境把握自我的能力和品质会更好。因此教育要给学生营造良好的学习环境，好的学习环境也是一种好的隐性课程，自觉的教育工作者还力图使环境成为一种有效的隐性课程，力图使校园成为学生喜爱的一部经典的教科书。

人的五大特性对应人的五大公理，即存在公理、能动公理、反身公理、美学公理、中介公理。这五种特性以及对应的五大公理都有着深厚的人文性，回到了人本身，体现了对课程的哲学思考。课程实施只有贴合人的特性才能够真正地体现课程的人文性，只有真正顾及人的需要才能真正实现课程的价值。

2.课程实施要促进学生智慧的生成

课程最终的目标是使学生变得智慧，不断地自我生成，从而获得新的生命。课堂教学过程是课程实施的重要部分，教学过程中要注重师生之间关系的和谐和相互依赖，把学习者的兴趣、意志、经验、情感放在重要位置。改变传统课程实施过程中重智轻人，知识占主导而不见人的现象，要丰富课程的人文性。课程实施的过程是十分灵动、充满智慧与思想交融的过程。在课程实施的过程中，教师需要处理教材、学生、环境、师生等多方面不断生成的信息，但这些信息都应以学生为中心。我们应该跳出传统课程实施局限于教学计划的实现、按部就班的教学思维模式，让课程变得更加灵活，能够不断地生成。

第一，课程不仅仅呈现知识，教师要提供比知识更为广泛的信息。信息在理论上是有限的，但是在感觉上是无限的。个人的情感、信念、态度和期待都可以作为信息在课程中传递，既可以是明示的，也可以是隐喻的。让学生获得宽广的信息比单纯的课程知识有更加重要的作用，这样的课程中收获的不仅仅是知识，更是超越知识的智慧，是体现人的课程。

第二，课程教学中应关注学生直觉能力的培养，直觉与逻辑应共生共进。直觉是人文的强项，因此人文课程应该在整个课程体系中都发挥作用。直觉是一种独特的智慧，直觉常常与逻辑相对，都属于思维的行列，直觉属于创造性思维，往往具有整体性、迅捷性、易逝性与创造性。直觉与逻辑不是相互冲突，而是互补的，逻辑代表左脑的理性分析，直觉代表右脑的感性交流。教学要注重发展学生的逻辑思维，但是不能顾此失彼而忽视对直觉能力的培养。教师应为学生直觉思维的培养创造环境，鼓励学生勤思、举一反三和触类旁通，鼓励学生自由地想象与自由地表达。

第三，课程教学中应注重学生质疑能力的培养，质疑重于倾听。教学应该始终伴随着质疑，质疑在教与学的过程中具有重要作用。歌德说："人们总是在知识很少的时候才有准确的知识，怀疑会随着知识一道增长。"所以教师应该摒弃传统课程中的过分注重倾听和灌输的教学方式，而要引导学生主动质疑，表达出疑问，然后发现、提出问题，进行自我探索，并尝试去解决问题。质疑与知识相伴，学问在学"问"中获得，"学问"即学着发现问题。我们不能轻易否定学生的"质疑"，质疑是学习不可缺少的一部分，课程与教学的真谛是使学生学会质疑。

"信息、兴趣、质疑、直觉、智慧"是张楚廷提出的教学理论思想的五个关键词，这五个方面看似是分离的，实则联系是十分紧密的。信息、兴趣、质疑、直觉、智慧每一个词都代表了课程教学过程对人应有的重视，在课程实施过程中应是十分重要的，但是也是时常被忽视的。课程实施可以是从学生的兴趣或质疑出发，或者从课程某一个信息点出发。学生的兴趣与质疑本身即是一种信息，在质疑与兴趣生发的过程中直觉则伴随课程实施的始终，能够十分及时地感受课程的信息并连接客观事物，从不断感受的过程中便生成了智慧。课程实施过程要注重在课程中提供广泛的信息，尊重学生的兴趣，鼓励学生质疑，重视学生的直觉，帮助学生变得更加智慧。

3.注重隐性课程的人文熏陶

隐性课程包含丰富的人文性，隐性课程是大学课程建设的重要环节。在高校中，人文引领的课程强调既要关注显性课程中的人文性建设，还应该重视隐性课程所独具的人文性，隐性课程是十分重要的人文课程。学校应建设好校园文化，发挥隐性课程的重要作用，并积极利用隐性文化的特质，对学生进行文化熏陶。隐性课程是人文课程中非常重要的组成部分，是一种体验和感受，具有文化熏陶、浸染的作用，能够很好地与人文性相交融。

课程实施要积极发挥隐性课程的作用,但隐性课程往往因不像专业课程那样体系完整、能及时地见成效而被忽视。比如,图书馆的藏书量、学校历史上所涌现的优秀的人才、学校建筑、科研设备、教师的言行等都是隐性课程的重要内容,都渗透着浓厚的人文性,无形中陶冶学生的人文情操。课程实施过程可以利用学校这些隐形的资源,让课程更加生动,浸透更多的人文性,以促进学生健全人格的培养。关注隐性课程,赋予其以更丰富的文化内涵,成为提升现代课程人文向度的重要方面。隐性课程犹如大学的门面,尤其隐性文化可以彰显大学生丰富的内涵,是不可或缺的人文性课程,并非可有可无的。许多有着悠久的历史和独具文化特色的学校,是历经时代的洗礼、有着深厚历史文化奠基并形成了独具特色的隐性人文精神的学校。这些有时代感的学校可能从日常课程与教学中很难看出与其他学校的差别,但是从其隐性课程与文化中看却存在着明显的差别,一些学校的珍贵之处就在于它有高质量的隐性课程。所以一所学校对于人文课程是否重视,可以通过观察这所学校的环境中是否透露出浓厚的人文气息得到答案。

三、创新高校专业课程管理

(一)综合定位课程目标

1.依据职业岗位需求定位

一般来说,课程体系总目标是从宏观层面确定专业人才培养的方向,同时也为专业核心课程目标的确定提供依据。高等教育作为培养专门人才的重要途径,其课程建设的总目标自然是培养具备胜任专业工作岗位所需的职业能力的优秀复合型人才,同时兼顾不同的岗位对人才的职业能力需求各有不同的现实状况。针对专业人才输出对应的主要是企事业单位的核心岗位,高等院校应针对不同企事业单位分别设置课程目标,并考虑不同的专业核心课程根据不同的目标培养学生不同的核心岗位能力。只有保证专业的课程目标与岗位需求相一致,才能针对行业的职业岗位需求精准地输出人才,增强学生的就业竞争力。

2.依据学生发展需求定位

由于课程建设的受众是学生,故在设置课程目标时在一定程度上应该考虑受教育者个人的发展需求。与此相矛盾的是课程目标多根据政府规范性文件或行业发展需求制定,更多强调统一性和协调性,却较少考虑学生个人发展需求。

"00后"大学生的个性鲜明,学生的学习目标和学习需求各有不同。因此,课程目标的设置应该考虑到学生本身的个性化发展需求,为学生的多元化和全面化发展提供条件。具体来说,①可以结合学生的职业规划、就业意向或发展方向将学生群体进行分类,并分别设置不同的课程目标;②实施自主选课制度,由学生根据自身特点和条件选择课程,进而实现个性化的课程目标。

3.依据学科、学校和地域特色定位

虽然课程目标是学生经过一个阶段的系统学习后所要实现的具体目标,但学生对目前的课程目标并不十分满意。现有目标定位模糊、缺乏学科和地域特色,各个高校的课程目标整体上来看大同小异,导致学生培养和学校发展的同质化现象严重,人才培养和办学竞争力低下。因此,高等院校应该结合自身特点,充分发挥各自办学优势,以实现高校课程目标的特色化。一方面,不同院校可以结合自身办学特点和学科背景,将相关学科的优势资源引入到课程教学中,如北京第二外国语学院的语言类学科背景、东北财经大学的财经类学科背景等都可以应用于专业人才培养中;另一方面,不同地域的院校可以结合所在区域的文化特色和区位条件,制定特色化的课程目标,如沈阳师范大学地处沈阳,可充分利用沈阳故宫、张氏帅府等景区资源条件,完成学生的特色化课程目标设置,以提升学生的综合素质。

(二)精心凝练课程内容

高校学生对课程内容的前沿度、难易度和实用性的认可程度相对较差。因此,从前沿度、难易度和实用性三个方面对课程内容进行优化,有利于高校专业课程内容设置更加合理化,进而切实满足学生的发展需求。

1.实现新旧知识融合

高校各类专业课程内容陈旧、缺乏创新一直是教育界面临的重要问题。虽然各个院校针对相关问题作出了改进,但"知识更新速度远低于行业发展速度"的问题仍旧存在。基于此,要想保证课程内容的前沿度,应该从以下三个方面着手:①从教师的层面,应及时关注和搜集相关专业的最新消息和前沿动态,并融入日常的课程教学内容之中,形成动态的课程内容更新机制;②从学生的层面,要积极利用信息化时代的便捷学习工具,通过网络或其他途径及时掌握行业发展的最新状况,并有效融合和把握线上与线下学习内容;③从教材的层面,作为课程内容的要素之一——教材也应该及时更新,将书本教材与电子教材相结合,以满足学生全面发展的需要。

2.准确区分重点难点

课程内容的难易程度直接影响着学生的学习情绪和学习效果,然而当前高校专业的课程内容设置却存在重难点模糊或表面化的现象。许多课程对重难点划分的依据是教材、教师或学科整体要求,而未充分考虑学生的需求和行业发展的需要。因此,为了改善这一现状,应该根据高校专业课程的特点,准确区分各门课程的重点和难点。具体来说,①教师要根据课程难易程度进行区分性教学,对重点难点内容进行详细讲解,对一般知识内容进行简要讲解,进而使学生明确课程学习的重点;②教师在课程评价过程中

针对不同难易程度的知识点采用不同的测评或评价方式,以保证学生能够较好地接受和掌握。

3.紧密联系行业实际

高校学生对课程内容是否实用比较关注,而高校专业课程缺乏实用性也一直是各个院校面临的难题。因此,紧密联系行业实际,提升高校专业课程内容的实用性已经刻不容缓。一方面,可以加强理论课程的整合,提炼出专业的核心内容。有效的课程整合不仅能够使教学资源利用最大化,同时精选课程内容也能够使学生的学习达到最优化。另一方面,可以加强理论课程的实训内容,即通过情景模拟、布置任务或实物演示等方式让学生参与体验,将所学理论转化为实际所需技能,进而为未来就业奠定基础。

(三)调整优化课程设计

高校专业课程的开设顺序、各类课程的比例和各学期的课程数量设置仍存在问题。因此,有必要就课程比例、课程数量以及课程开设顺序等方面存在的问题予以优化。

1.合理划分课程类别比例

目前大多数高校都以公共课与专业课、必修课与选修课、理论课与实践课为分类标准。其课程设置基本呈现"金字塔"式的结构特征,即公共课门数少、课时量大,必修课和理论课较多,实践课较少,选修课门数较多但课时量和选课数受限制,这就造成了学生的学习"泛而不精"和"学而无用"。因此,有必要进一步协调各类别课程的比例,以使课程设计更加均衡合理。首先,就公共课与专业课来说,应适当整合缩减公共课程的课时,以为专业基础课、核心课留有充足的时间;其次,就必修课与选修课来说,专业必修课可以为学生的长远发展奠定理论基础,专业选修课则可以为学生的个性化发展服务,因此,要适当加大选修课的比例和学生的可选课门数,以促进学生的身心全面化发展;最后,就理论课和实践课来说,要在现有课程的基础上增加实训课程的比例,创新课程实训的方式,同时调整专业实习的时间,按照课程特点设置不同岗位、不同形式的实习,以达到"随学即用"的效果。

2.精心规划学期课程数量

均衡的课程比例对课程设计具有重要作用,但目前大多数院校公共课和专业必修课所占课时较多,忽略了专业选修课和实训课程的比重。因此,未来各院校应该对课程数量安排进行调整,增加专业选修课和实训课程的开课比例,而不是将其作为公共课程和专业必修课程的辅助。公共课方面,可适当缩减政治与体育课程数量,增加计算机与英语课程;专业课方面,可压缩整合必修课程,"找核心,讲重点",将有限的课程利用得更加充分,同时增加选修课门数以及学生自主选择的权利;实训课方面,可结合该门课程的实际需求,在理论课结束后及时开展实训课程,以便加强学生的理解和运用能力。

3.科学设置课程开设顺序

合理的课程开设顺序是课程取得良好效果的保障,这就要求课程的开设顺序要以学生的心理发展规律为前提,遵循课程内容的逻辑顺序。一般遵循"由简到繁、由抽象到具体、由理论到实践"的规律,循序渐进地进行课程的设置与实施。具体来说,大一年级设置政治、英语、体育等公共课程和专业的基础课程,大二设置理论性较强的专业课程,大三则设置实践性较强的专业课程,同时大二大三穿插相应的专业选修课程,或根据课程需要进行短期实习,大四则主要为实践性课程,包括毕业实习、论文撰写等。只有这样,才能使课程设计整体更具合理性和科学性,进而保证大学生人才培养的质量。

(四)完善创新课程实施

高校课程实施中的教学目标、教学设计和教学方法三方面仍有待改进。因此,从这三个方面进行课程实施的优化,将有助于提升学生的学习效率,进而提升高校大学生人才的输出质量。

1.注重提升学生能力素质

课程实施过程中的师生地位问题始终是一个极具争议的问题。长期以来,教师始终被认为是课程实施的主体,传统思想观念难以快速转变,这就导致了目前的课程实施仍旧以教师"灌输"为主,学生缺乏主观学习意识和思维创新能力。因此,为了使学生主动学习、全面发展,就要尽快转变观念,遵循"学生主体、教师主导、师生互动"的原则进行教学实施。首先,在教学观念上,坚持以学生为中心,在课程实施过程中多关注学生的心理和情绪变化,多考虑学生的参与程度,积极引导学生参与讨论、表达观点,以激发学生课堂学习的积极性;其次,在教学方法上,教师应根据课程内容和学生发展阶段的特点,采用适当的教学方法,尤其是选用互动教学法、情境教学法等引导性较强的教学方法,以引导学生主动思考、发现和解决问题。

2.创新线上线下教学模式

数字化经济时代的到来打破了传统课程实施局限于课堂教学的现状,以慕课为主的线上教学模式逐渐被越来越多的院校所接受,微课、翻转课堂等也成为当前教学技术改革的主要趋势。因此,高校各专业也应进行相应改革,采用线上线下混合式的教学模式,打造本专业的"金课"体系,以快速、全面地提升学生培养的质量。具体来说,可以在教学中采用"慕课视频讲授+教师课堂应用"相结合的方式,即线上平台完成知识体系构建,线下课堂进行针对性训练和补充。此外,通过慕课的在线讨论、评价或作业布置等功能,教师可以在充分掌握学生学习情况的基础上,有针对性地进行课程指导。这种"知识、思维、能力"共同培养的教学模式不仅能增强学生自主学习的能力,同时也能够提升教学效果。

3.强化第二课堂实践效果

"第二课堂"是基于第一课堂提出来的，对于高校专业课程来说，"第二课堂"的构建主要可以从联合培养、全域实习、社会实践等方面着手。就联合培养来说，一方面可以开展"校校合作"，加强与国内外相关高校的联系，举办人才交流和互相培养的活动和项目；另一方面可以加强"校企合作"，将原有的合作企业范围扩大到外企、国内外知名企业等，为学生提供对外实习平台，以培养学生的国际视野、国际语言和业务能力。例如，开展专业的全域实习，学校作为学生专业实践的组织者，横向上应该积极地与不同类型的企事业单位建立联系，扩展学生的实习平台；纵向上则应实行"短期+轮岗"的实习模式，使学生在限定的实习期内尽可能多地体验不同的岗位，实现人才培养与行业需求的完美对接。就社会实践来说，可组织同学尽可能多地参与各类社会实践活动、专业竞赛、创新竞赛等，通过竞争和比较认清自己与他人的差距，进而努力提升自身能力。

（五）科学实施课程评价

高校课程评价的依据、内容、时间和结果等的设置仍有需要改进和优化之处，下文提出三点优化建议，以期进一步提高学生对课程评价体系的认可度，提升人才培养的质量。

1.以行业现状为依托

目前，高校专业课程评价仍旧以成绩为主，以学生操作技能、职业能力等的考察为辅，甚至不作相应考察，这就导致学生形成了"唯分数"思想，而忽略了对其他能力的关注和锻炼。因此，为了更加全面地考查学生的综合素质，应以能力本位为评价标准综合考核学生的各方面能力，主要评价依据包括三个方面：①学生对基础知识和基本技能的掌握和运用能力；②学生的职业能力、文化素养、服务能力、应变能力、创新能力以及团结协作等能力；③学生的意志、人格、情感与个性等非认知因素。只有确立科学合理的评价依据，构建多层次、多维度的评价体系，才能对学生的学习和发展作出正确有效的评价，进而提出促进学生全面发展的建议。

2.以学生发展为宗旨

高校专业课程评价均采用书面考试的形式对学生进行总结性评价，但这种单一的评价方式已经难以满足学生全面化发展的需求。因此，以能力形成的渐进性为依据采用过程性评价和总结性评价相结合的评价方式将更有助于激发学生的学习积极性。其中，总结性评价仍以理论考核的形式为主，如卷面考试、论文撰写等。而过程性评价则可以使考核形式更加多元化：①日常作业提交网络化，如运用网络教学平台上传文本、音频、短视频等作为日常考核作业；②考核形式创新化，如通过竞赛等专业技能竞赛考核学生的职业技能，或通过布置作业让学生完成情景模拟任务，考核学生的职业能力；③考核过程实践化，如鼓励和指导学生参加科研竞赛、社会调研等实践活动。只有过程评价与总结评价齐头并进，同时关注学习的过程和结果，才能及时发现和解决问题，进而帮助其健康、全面地发展。

3. 以科学公平为原则

课程评价对课程建设起着重要的效果监测作用，而评价时间则是保证监控有效性的重要因素。目前大多数院校都采用总结性评价，评价时间通常设置在学期的中期，进行中期考核，或设置在期末进行统一的考试。此种评价方式存在两方面不足：①评价不够及时，很难及时发现和解决学生在学习过程中遇到的临时性难题；②总结性评价多采用纸质试卷形式，通过量化打分进行考核，很大程度上由任课老师一人决定成绩，存在一定的不公平现象。因此，课程评价应改用过程性评价与总结性评价兼用、质性评价与量化评价兼具的方式，构建科学化、高效化的评价体系，以保障课程评价的及时化和公平化，进而对学生的整个学习过程起到良好的监控和管理作用，以保证学习的效率与效果。

第三节 高校"课程思政"建设管理的路径探索

高校教育的根本是立德树人，高校办学应深入基本国情，办出中国特色，全面培育人才，实现复兴之梦，推动我国从人口大国向人才强国迈进。当前，高校教育面临着国内国外变化的复杂环境，教育对象不断更迭，各类思想观念和多元文化的相互碰撞带来更多的挑战，对于高校来说，这既是发展过程中的机遇，也会在一定程度上带来冲击。学生的思想会受到所接受教育的影响，可变性与可塑性很强，在学校会接受主流思想的教育和深刻领悟社会主义核心价值观，在校外的社会思潮当中也会受到一些偏激的舆论和带有误导性的价值观的影响。这就需要学校和教师不仅要承担起传授知识和培养能力的责任，也要积极完成引领学生思想，帮助其塑造正确的价值观的任务。通过"课程思政"的建设管理，各类学科都应承担起价值观教育和精神塑造的职能，引导学生建立起个人高尚的小德，规划树立起社会乃至国家之大德，一个人只有明大德、守公德、严私德，其才方能用得其所。德定方向，以德为范。立德树人是教育的根本核心，是大学的立身之本，它是一项长期且复杂的系统工程，也是人才培养的教育任务。思政课和专业课都是教育展开的具体形式,共同肩负树人重任。其中,思政课是落实立德树人的关键课程,专业课蕴含立德树人的知识元素,对实现立德树人这一根本任务起到不可小觑的作用,因此要多方结合努力,最终形成立德树人之合力。

"课程思政"能否正确认识"是什么、做什么"直接关系着这项工作的方向正确与否;"为什么"要做"课程思政",关系着这项工作的目标是否明确,动力是否充足;而"怎么做""课程思政",决定了做事的方法是否有效和高效。"课程思政"要立足于问题导向和成果导向,高校管理要本着有真思想、找真问题、动真感情、下真功夫、出真成果的目标指向,深入研究"课程思政"到底是什么?为什么要做?要解决什么问题?达到什么目的?获得什么成果?这是核心,是方向,是方法和手段,而方法和手段是为目的、为目标、为对象服务的。提升"课程思政"建设管理的有效性要坚持实事求是、创新思维、突出重点、务求实效的原则。"实事求是"是出发点,"创新思维和突出重点"是方法论,"务求实效"是落脚点,把握住这四个原则"课程思政"的建设管理就不会偏离方向。

一、提升新时代高校"课程思政"师资队伍的意识自觉

"课程思政"建设是一个系统工程,关键在于立德树人是专业课教师先立德,然后再树人,育人先育己。在"课程思政"建设过程中,专业课教师要"躬身入局,置身事内,知行合一,身心合一"。教师职业本身具有特殊性,需要的不只是能力和经验,更需要有理想、信念、价值观、爱与格局,需要先修炼好自己,再影响他人。专业课教师是"课程思政"建设管理中的教育主体,是课堂教学的第一责任人,是推进"课程思政"建设管理进程的主力军,也是"课程思政"教育教学改革的执行者,专业课教师的"课程思政"能力的强弱直接影响到课堂教学质量、教学效果以及是否达到立德树人成效。因此,要保障"课程思政"的平稳发展就要对全体教师特别是专业课教师提出更高要求。

(一)明确思想价值认同强化课程育人自觉意识

每一门课程都具备"课程思政"的功能,每一位专业课教师都肩负"课程思政"的职责,专业课教师是"课程思政"教育教学改革落到实处的关键要素。教师是实现优质教学的核心,教师应该考虑学生不同的背景、能力、技能和对学习的兴趣,进行有针对性的指导,提供不同层次的支持,提高学生学习的有效性。对于专业课教师的价值认同需要有明确的认知,要在不断汲取接受新的理论知识的同时端正自己的价值观念。同时,养成学习的良好习惯与时俱进,不断对教学数据库进行更新丰富,客观正视"课程思政"的重要性也是专业课教师的基本素质。在思想意识上明确对"课程思政"建设管理的价值认同,专业课教师必须始终坚定"心中的信仰",改变以往落后的偏见,通过

不断学习的方式加深对马克思主义的深刻理解，真懂马克思才会真信马克思，转变"价值中立"思想，明确对马克思主义的价值认同，才能更好地向学生传达正确的价值理念。自觉践行社会主义核心价值观，定期参与培训，组织共同学习党的最新决议、理论、观点和政策，加强理论熏陶，激发专业课教师对于本专业知识理论的内在价值的全新认知，从而产生育人使命感和责任感，全面提高政治觉悟。自觉增强育人育心、立德树人的责任感和荣誉感，时刻抓紧对学生进行价值引领这根准绳，专业课教师是否具有自主自觉的"育人意识"和具备深厚理论支撑的"育人能力"是思政课程与专业课程能否实现"同向同行，协同育人"的重要资源保障。专业课教师要致力于将国家发展战略目标贯彻进专业课程教育中，立足于为国家发展战略服务的政治立场；专业课教师要对马克思主义行、中国共产党能、中国特色社会主义好抱有坚定的政治认同；专业课教师应怀有对国家和民族、党和人民忠贞的爱和积极投身教育事业的政治情怀；专业课教师还必须对马克思主义、对共产主义远大理想以及对中华民族伟大复兴秉持崇高的政治信仰。由此，对于"课程思政"主体而言，有高度的政治立场、有深度的政治认同、有温度的政治情怀、有向度的政治信仰是专业课教师的基本政治素养。

专业课教师应将育人意识内化进日常教学实践中，发挥其自身独特的"课程思政"教学方式与风格感染和影响学生。专业课教师要主动意识到本专业所蕴含的育人育心的价值要素，积极谋求以学理性分析带入学生明晰内涵的思想政治教育知识，同时伴以科学理论的坚实支撑引导学生。课下要积极主动地参与到政治理论学习中，保持自身的思想政治素养不掉队，学生所受到的教育必须首先是教师本身所认同的，课堂传授固然重要但不能仅限于课堂上口头的讲授，也应该在实践活动中身体力行起到引导者的作用。同时，学习其他专业课教师"课程思政"建设的优秀教学成果，在沟通交流中更新思想理念。

专业课教师在教学过程中具有绝对的育人优势。首先，专业课教师与学生同属一个专业，拥有共同的话语体系，学生更自主地"亲其师"进而会"信其道"。其次，专业课程中蕴含的核心价值观一定与本专业知识理论有紧密联系，专业课教师在教学过程中会潜在地把个人成长经历、专业学习经历带入其中，把对祖国的热爱、对社会的看法、对未来的期许不经意间表达出来，这样会更容易与学生形成"共振"，使学生产生"共鸣"。最后，专业课教师与学生接触的时间较长。专家指出："专业教师占全体高校教师人员的80%；专业课程占所有课程总量的80%；专业学习占据学生全部学习时间的80%；调查得出结论，80%的大学生认为，专业课以及专业课教师对自己成长影响最为深刻。"这4个"80%"以客观调查数字得到"课程思政"建设这一重大命题的现实依据。开展"课程思政"要明确专业课教师"主力军"、专业课课堂"主渠道"、专业课教学"主战场"，深入贯彻专业教育与思政教育向纵深的方向融合发展。专业课教师应充分把握与学生接触的时间，发挥人格的影响力更好地成为学生成长的引路人和指导者,实现在专业授课中将知识传授和价值引导有机融合统一,达到隐性思政教育的目的。

教师是教学活动的主要实施者,是学生成长成才路上的关键陪伴者,不应该仅是传授学生知识的"旧时代教书匠",更应该成为指引学生方向的"新时代引路人"。要将教师的主导作用与学生的中心地位相结合。约翰·杜威认为:"教师是社会的代理人,是专门从事维护正常的社会秩序并谋求正确的社会生长的人。"但这并不意味着教师权威角色的自然合理性。杜威强调教育要回归生活,要肯定学生的经验和个人体验,要培养学生的个人品格,教师应当帮助学生解决问题,作为一个集体的成员来对学生产生影响。旧教育中,教师的"监督者"和"独裁者"的角色,将教师与学生割裂开来,杜威反对这种割裂形式,他认为教师是教育过程中必不可少的重要因素,教师应当关心、参与学生的活动。教师要弱化自己的"领导地位",融入活动,以学生的立场去体验和感知。在专业知识的指导下,教师能够体会到有利于生长的环境,更能拥有形成实际经验的一般原理,并且更能知道怎样在现有的条件与环境下汲取有价值、有经验的东西。教师只有融入学生的集体,才能与学生交流思想,激发学生的热情,了解并掌握学生经验发展的连续性。实际上,每位教师都可以从本学科特点、所教学专业出发,以自己的教学方法,自然地向学生传达正确的价值观,简单来讲,每位教师都有条件讲也有能力讲好思政课,要实现这一目标,还需要进一步强化专业课教师的思想意识,纠正认识偏差,不应被落后思想忽视价值传播的倾向,阻碍思想政治教育的发展以及"课程思政"的整体建设。

(二)提升专业拓展能力增强理论学习自觉意识

专业课教师的"课程思政"能力直接关系到课堂教学质量、教学效果,对立德树人成效也会产生关键影响,要提升专业课教师胜任力,发挥专业课教师价值引领作用。高校专业课教师在求学期间对马克思主义理论都接受过系统学习,对其方法论在本专业领域范围内的应用应该有也必须有较为深刻的体会。人文社科类专业课教师会具备先天的学科优势,善于进行较多的学习迁移,理工科类专业课教师融合本专业课程的理论知识和实践也可以延伸利用自然辩证法和唯物主义的正确性进行科学论证。从辩证唯物主义延伸至历史唯物主义,进而到科学社会主义。唯物辩证法是自然发展的最一般的规律,专业课教师所要提升的正是理论思维能力,也是对辩证思维、科学思维能力的提升,专业课教师应熟练将本学科的相关研究与辩证思维能力结合起来,最终以研究过程和成果完整地诠释马克思主义世界观和方法论。专业课教师应率先垂范带领学生在进行专业学习和实践中积极运用马克思主义世界观和方法论。由于高校课程安排,思政课一般在前两年完成课堂学习,后两年大部分时间用于对专业课程的研究,专业课教师则应在此期间履行育人职责,在讲好专业课程的同时对学生的思想道德品质学习进行合理强化,以保证学生在未来不仅在业务能力方面表现突出，在价值观念、道德品质方面也有较高的素养，不会做出违背职业道德和公民义务的行为。因而，提升专业课教师马克思主义理论素养，达到德技并修的专业水平是实现高校人才培养目标的关键保证。

新时代高校专业课教师必须加强对习近平新时代中国特色社会主义思想的学习。这一思想是新时代学生必须掌握的世界观和方法论，将习近平新时代中国特色社会主义思想传授给学生是专业课教师进行"课程思政"的重要职责和使命。专业课教师要想在课堂上将习近平新时代中国特色社会主义思想融入专业教学当中，首先必须加强理论学习，将思想内化于心，做到真学、真懂、真信。专业课教师引导学生塑造学生正确的价值观念，首要的前提是自身价值观念要正，理论素养要强、道德修养要高，必须通过读原著从源头深刻理解马克思主义基本原理，延伸至领悟习近平新时代中国特色社会主义思想的理论渊源、逻辑脉络、体系框架，不但要做到知其然，更要做到知其所以然。除了读原著以外，专业课教师也可以通过听专家讲座、与其他专业课教师分享"课程思政"建设管理思路、多向有经验的专业课教师请教或讨论等方式来探索学习渠道，获取丰富的育人知识。专业课教师必须提升至理论基础深厚、理想信念坚定，在课程备课中才能够敏锐感知思政元素，并找准切入点有效融入专业课堂中，使专业学习与思政教育协同并进。其次要用理论指导实践。专业课教师在充分学习理论的基础上，要积极发挥自身的主观能动性，将理论用于指导"课程思政"建设管理，使理论与教授课程有机融合，价值塑造与知识能力培养有机融合，在建设过程中做到两条主线贯穿始终。必须在课程的准备中充分运用教学技巧与艺术，创造性地将知识的传授与理想信念的传递统一在一起，做到在传授知识的过程中处处体现价值塑造。提高专业课教师素养不仅针对专业素养方面，还包括学科素养，主要指对所任学科的专业熟练程度和融会贯通水平；教学素养，主要指对教学态度是否端正且负责，教学方法是否科学且合理，师生关系是否良好且得当，等等；思想政治素养，主要是指思想政治观念是否正确，对"课程思政"理念是否参与实施；处事方面的素养，主要是指能否做到平等待人、公平公正、与人为善等。由于专业课教师能够有较多的时间与学生沟通接触，对学生的影响比思政课教师要深入，所以更应该谨言慎行，做好合格的引导者角色，肩负起对学生全面教育的责任。

针对教学内容，专业课教师要夯实专业理论知识基础，仔细分析章节知识点，精选相关教学案例，分析蕴藏的思政育人内涵，提升课程内容的拓展能力，将教学内容范畴从知识性、技能性拓展到政治性、思想性、道德性。提升专业课教师的政治素质，需要理论学习与社会实践双向发力、协同进行，才能够真正在认知层面与行动层面上实现其政治素质的根本性飞跃。在教学实施过程中，应从国家、国际、历史、文化、专业、行业等角度，突出专业课程所蕴含思政元素的知识性、人文性，提升价值引领性和思想影响力。要鼓励专业课教师参与学生社团实践活动，高校与政府机关及企事业单位建立社会学习的双向交流机制，让专业课教师更多地接触广阔社会，搭建"课程思政"交流平台，以便加强"课程思政"专业课教师团队建设。通过集体备课、教学沙龙、随堂听课等教研活动交流"课程思政"建设管理获得的经验及教训，分享"课程思政"优秀案例资源，探索"课程思政"教学设计的策略与路径，将所领悟学习到的内容灵活地运用到教学实践中去，结合自己擅长的教学方法和手段，把握好尺度，整合好资源，提高教学质量，形成思政育人合力。

（三）规范教师德行建设升华自觉言传身教行为

人才培养的关键在于专业课教师的知识素养和道德修养。百年大计，教育为本。教师是"立教之本，兴教之源"，承载着向学生传授知识，办好高质量教育的重任。教育者要先受教，努力成为先进文化的传播者、党执政的坚定支持者。传道者自己要先明道、信道，才能更好地担起学生学习理论知识的指导者和引路人的责任。专业课教师对教学工作的态度、与学生的交流以及言谈举止都会潜移默化地对学生产生影响。"课程思政"是提升专业课教师理想信念、完善价值观念的重要途径，教师这一职业更具特殊性，应从自身做起，率先垂范，做到"学为人师，行为世范"，才会真正起到言传身教的效果，为学生树立榜样。当然只靠教师的言传身教还不够，因为学生只是通过听、看与感受，是不能完全达到"课程思政"的目标，还需要让学生主动地去体验、实践，才能实现从认知到情感再到行动的有效转变。

首先，用行为做出表率。教师文明的言谈举止对学生思想品质的塑造起到修正作用。专业课教师内在素养会体现为一言一行的外在表现，从而潜移默化地对学生产生影响；而学生通过专业课教学活动也会以此来了解教师的思想，言教辅以身教，身教重于言教，专业课教师在教学活动中所展现出来的理想信念、治学精神、价值取向、人生态度等，对学生有着莫大的影响，学生会受到感染，"教师的言传身教、学生的耳濡目染"是"课程思政"最见成效的方式，其不良行为和习惯受到约束才能得以修正。

其次，从大处着眼，从小事做起。学生在上课过程中，如能从各个细节感受到教师认真备课、用心讲课、用心倾听学生心声、以同理心对待学生的学习处境、用心实施以学生为中心的教学，他们自会感受到教师的敬业精神，并会受到深刻感染，进而影响到学生对学习的态度，以及未来对工作的态度和言行。"言传身教"是一种非常强大的思政力量，它体现了"自立立人，自觉觉人"的价值观。对学生的思想政治教育必须从大处着眼。教师必须清楚认识到青年学生是继往开来的一代，当代青年的人生黄金时期同"两个一百年"奋斗目标的实现过程高度吻合，他们是建设社会主义强国的主力军、担当民族复兴伟大使命的主心骨。青年学生的公德与祖国的兴衰密不可分。公德教育应从细微之处做起，专业课教师引导带领学生自我管理，促进学生的行为养成，从细微之处要求，达到"促其思、晓其理、激其情、导其行"的教育效果。

最后，应当利用言传与身教的充分结合，促进学生思想成长。专业课教师在教学活动中，只存有言教或身教其中之一，都会造成教育效果大打折扣。专业课教师应把握好言教与身教的时机，恰如其分地把两者结合起来，身教在先，言教在后，修身立德，注重方式方法，提高教育效果，努力成为学生做人做事的一面镜子。教师求真求实、一丝不苟的敬业精神，有助于帮助学生养成良好的学习习惯，时刻具备创新意识拥有绝对创新能力。教师应在思想上培养学生严谨的科学态度，通过科学思维训练，对学生的事业心加以引领和教育，为其成为高素质人才奠定基础。在专业课教学过程中，专业课教师不仅应在处理问题中做到躬身垂范、言传身教；在需要实际解决技术性难题时，专业课教师更应利用自身深厚的理论基础和娴熟的技术能力，帮助鼓励与亲身指导相结合，增加学生独立解决问题的机会，提升学生能力。这样既有助于理论教学延伸，使专业课程得到发挥，也能够通过解决实践问题，培养学生的自信心，激发学生的创造与创新动力，帮助塑造学生热爱专业、学好专业知识为国家奉献聪明才智的理想。"亲其师方能信其道"，良好的师生关系和学习氛围是教师影响和感染学生的重要保证。教师要注重建立平等、民主的师生关系，注重与学生的双向交流沟通，情感交流与理性沟通并重，知识传授与人格塑造并存，形成积极有效的良性互动模式，为"课程思政"教育教学的展开与深化提供有力的保障。

师德的界定包括政治品德、职业道德、社会公德，涵盖了教育观、教师观、学生观的相关内容，提出了对人文、科学方面的知识底蕴要求。教师要以师德为范、明树人责任之道。教师工作责任感的高低，直接关系到新时代的中国青年是否能增强做中国人的志气、骨气、底气，扛起实现中华民族伟大复兴的重任。对于教师师德的培养方向具体包括政治品德、职业道德和情感道德。政治品德处于最高层次，是教师的灵魂，确保教师的政治方向，是教师成长和发展中最为持久、最有力量的内生动力；职业道德形成于政治品德的关键环节，在职业活动中实现进一步深化；"德"形成的基础与前提是情感道德。政治品德对职业道德、情感道德的提升和完善起着引领和导向作用。同时，师德是教师队伍建设的基本要素，教师是高校教育建设的最关键主体，其道德素养直接关系到学生的成长成才，优良的师德、高尚的师风是做好教育的灵魂，为人师表要严于律己，言行一致，表里如一，树立起表率。坚持教书和育人相统一，坚持言传和身教相统一，坚持学术自由和学术规范相统一，以德立身、以德立学、以德施教。学生在学校与教师尤其是专业课教师接触时间最为长久，在这过程中会不自觉地受到专业课教师的影响，甚至将专业课教师作为自己努力的目标或方向以及最想成为的人。"课程思政"教学所取得的成效来自教师积极营造的富有感染力的课堂氛围，教师自身高尚的涵养和人格魅力以及规范的言行举止，会感染学生，经过长时间发展，这种意识会形成习惯，深埋在学生内心深处，在以后做人做事时会释放出强大的力量，使学生能够保持自身道德认知，在追求自我成长的同时有能力肩负起社会进步的责任。建成社会主义现代化强国，需要教师队伍具备更高的水平，全党全社会也要把尊师重教放在更高层面予以对待。专业课教师要在学识方面不断提升充实自己,钻研并不断完善"课程思政"教育教学的方法,从多个层次和角度了解自身的劣势与不足,夯实教育基础,不忘教育者的初心使命,寻求在教书育人中实现自我和社会价值的有效联合。师德的培养对教师能力和水平的提升具有长远影响,具有高尚道德品质和严肃行为示范的教师也能够将教育同国家前途命运紧密相连。教师要以"捧着一颗心来,不带半根草去"的精神投身教育事业,努力成为大先生,做学生为学、为事、为人的示范,在新征程中创造属于我们这一代人的历史业绩。

二、完善新时代高校"课程思政"实践的教学方案

各高校应由教务处组织规划,马克思主义学院、各专业院系和学工团委等相关部门共同研讨针对本校的"课程思政"教学方案具体内容的总体设计。由于各个专业学科特点不同,要着重挖掘符合本专业特色的思政资源,充分利用校内校外实践基地的思政资源,以形成一学院一专业一特色的课程体系。该教学方案要明确地进入各专业人才培养计划。教学方案确立后,要配以统一的教学大纲、教学设计、评价标准等教学文件,促进"课程思政"的落实和实施。"课程思政"教学方案设计的科学性和合理性直接影响学生对思想政治理论相关知识的深刻理解以及马克思主义理论素养的提升。

(一)开拓专业课教材的育人功能

1.梳理教材内容

教材是进行教学活动的基本工具,承载着教师传授、学生学习的知识,不仅是知识的载体,也是育人的载体。教材是学生在接受学校教育过程中的必备读本,其传播范围广、阅读使用率高。因此,教材的设定至关重要,既要展现出当代科技文化的发展水平,又要结合我国的实际情况。社会处在高速发展变化之中,知识嬗变、生长的速度也显著提升。对此,无论是思想政治理论课还是"课程思政"建设管理都要坚持与时俱进的原则,紧跟时代步伐,贯彻落实最新的方针政策。要创新学科体系、学术体系、话语体系,在内容上尽力避免脱离现实的"大话""空话",增强学生对知识与价值的认同感和获得感。"课程思政"教材内容必须满足不同专业的教师和学生对知识的获取和实践的需要,充分考虑不同专业学生复杂多样的学科背景,研制课程教学方案和教学指南,在教学内容、目标、案例、策略等方面融入思政元素,将知识背后的精神、价值、思想挖掘出来,找准育人角度,增强说服力和感染力,使课堂主渠道发挥出最大化作用。遵循社会发展逻辑、人的成长逻辑和认知逻辑,在社会主义核心价值观的指导下,统筹设计方案,制定分层教学思路,分步推进实施计划,明确责任分工,树立起成果目标,在教材大纲的编写中,要保持专业知识与思政元素建设共进方向,结合实际、持之有据,既使

学生拓宽视野获取知识，也推动专业课教师融入"课程思政"建设管理的行列。

2.整合编撰人员

"课程思政"的建设需要梳理好教材作为重要支撑，教材编撰人员整合组建是创新打造教材的基础保障，是"课程思政"建设管理的关键一环。编撰专业教材需要广泛吸纳多方力量——专业课教师、各学科前沿专家、教育学者等共同参与，集思广益共同完善专业教材。整体策划不仅需要教师队伍的策划组织，也需要学生的积极参与，参考学生的意见，教材种类可以分为实践案例型和理论指导型。教材应针对各类学校的不同情况，给予专业课教师和学生合理的指导建议和实践思路，同时也要在吸收广泛的建议中不断进行修改完善。教材在满足知识传授的同时，更要具备突出的思政育人功能，因此需要加强整合编撰队伍建设。编撰人员需要有较强的学习能力，对知识的前沿动态具有敏锐的感知，思想开放能够较快地接受先进的教育理念，以便为"课程思政"建设管理铺垫坚实的理论学习基础。

3.建立监控体系

教材要具备科学性、合理性、特色性，最重要的是要突出实用性。"课程思政"教材的价值要兼顾传授知识与思政育人，编写完成经过审查并不能一劳永逸，要建立起行之有效的动态监控体系，对教材的真实有用性作出评估，以备后续完善。随着时代的进步，教学手段、方法以及教学形式都产生了飞跃的变化，"课程思政"教育教学面临的问题和挑战也在不断地发生变化，教材内容也要因校、因课、因时进行不断探索更新，更要建立起高效的教材监控机制，将教材的实效性和思政育人功能的发挥作为重点考察的内容，可以参考建立教材应用的反馈机制、育人功能评价机制、第三方考核评价机制等。教材的编写规范和内容质量需要学校进行专门强化管理，以确保教材的科学性和权威性。在推进"课程思政"的过程中，不仅课堂教学作为主渠道发挥着作用，教材也是不可忽视的重要工具，要把握好课堂教学，重视教材的运用，充分发挥其育人功能。

（二）改进专业课教师的教学方法

1.体验学习：促进职业道德与理想信念内化

专业课教师的内在价值需要靠其自己体验和内化从而使外在的知识信念具有个人意义，逐渐内化为个人的职业理想信念，升华为专业精神。体验式学习能激发专业课教师的主体意识，增强其自主性、创造性。要实现专业课教师的职业价值内化，应该注重体验式学习，如专业课教师对自身成长经历和工作生活经验的反思体验，其他优秀教师成为行业榜样发挥领导带头作用的反思体验，教育对象接受教育领悟教育产生行为反馈的反思体验，同事同行探讨交流及与专家学者之间的对话进行反思，通过阅读理论文献来反思自己的教育实践。对于专业课教师缺少"课程思政"实践经验，对"课程思政"

理念认识不足等多重困难因素，可以通过集体备课研究，引入吸引学生的案例，融入时事政治中具有代表性的育人元素开展课堂教学，给予专业课教师教学思路，并帮助专业课教师积累成长经验和教学经验。

2.案例教学：实现知识性与价值性统一融合

案例教学是在专业课教师引导下，通过对案例的讨论与研究，提出问题分析问题解决问题，从而培养学生对问题的思考和解决能力的一项教学活动过程。以案例分析引出解决之道，既传授知识，也重视能力和素质的培养。案例为学生提供了丰富的替代性经验，通过对真实、复杂的教育情境下教学问题的思考与解决，强化学生对教育理论及其蕴含的深层价值观的认识。专业课教师通过精心设计与组织案例教学，帮助学生认识到理论技术与意识形态上正确指导的重要性，有助于深化学生的专业认同与职业理想。同时，研究进行"课程思政"教学案例库建设，使专业课思政教育内容有现实的载体。选取贴近基础教育一线和社会热点的典型案例进行深度剖析，可以提高学生对学习的兴趣，增强学生的自豪感、使命感和社会责任感。由于学生群体庞大，获取知识信息的基础差异较大，专业课教师在针对某一教学内容进行教学时，结合学情分析，开展分层教学，"课程思政"内容也需要以分层递进的方式融入学科教学。从不同角度或者不同深度挖掘思政内涵，使学生在分层教学中始终能够感受到不同类型的"课程思政"教学案例或者不同角度剖析的"课程思政"内容所带来的教学魅力。

3.实践教学：涵养实践智慧与塑造实践品格

当前"课程思政"采用最多的方法依然是课堂讲授法，即使讲授很生动，教学效果依然有限，知识和价值只能在认知层面达到转变或者认同，要提升"课程思政"教学的效果，就需要让学生在行为层面有所表现，所以"课程思政"教学方法的选择不能忽视引导学生的参与、体验和实践。"课程思政"建设管理强调"知行合一"，构建"走向实践场域的协同育人的课程体系"：以"培养实践性知识、涵养实践智慧、铸就实践品格"为课程总目标；以专业课教师为指导，学生为主体的课程主体；通过高智力的投入、创造性的实践活动和有目的的现场体验，实现问题探讨、深度体验和批判反思的课程实施途径与方式；最终达成"知行合一、学思践悟、转识成智"的课程目标。

4.互动教学：沟通交流借鉴与合作共同发展

不同的专业有着各自不同的特点，但是不意味着各个专业学科之间互不相关、毫无联系。人文社科与理工科之间有科学的不同方面，虽然对世界进行了解的方式不同，但是都对改造世界推进世界发展进步有巨大的作用，在人们改造世界时对个人自身的发展也具有非常重要的影响。针对同样的教学内容，不同学科的表达形式也是各有所长，要加深各专业学科教师之间的交流协作。"课程思政"需要所有教师共同参与，虽然所授科目类别不同，但是育人的理念相一致，各专业学科教师要打破枷锁与隔阂，相互交流，沟通借鉴，吸收不同学科的教学方法，启发新的智慧，创新教学模式，在探讨学习中建立起不同学科优势互补的教育格局。专业课教师理论水平和道德素养的提升是"课程思政"建设中质的飞跃，会将"课程思政"推向更高的发展阶段。

（三）创新专业课课堂的教学形式

1.拓展网络平台发展，实现"课程思政"现代化

首先，搭建"课程思政"资源共享平台。高校要统筹所有教师、教务处、学工部等相关职能部门，整合优质资源，集中打造"课程思政"示范课，选树优秀典型教师，充实"课程思政"案例库；鼓励不同职能部门组织专业课教师及相关教职人员共同开展学科竞赛、专业实习、创新创业实践活动，依托类型丰富的"课程思政"案例，打造精彩课堂，发挥专业课教师的主导作用和学生的主体作用，推行"基于问题"的互动式教学，推进第一课堂和第二课堂的紧密衔接和深层融合，实现教学过程的真实性、生动性和有效性。其次，搭建"课程思政"教师辅导平台。聘请知名专家学者权威名师对专业课教师进行课堂教学的指导和督导，促进专业课教师对"课程思政"建设管理意义的深度理解；进一步加大思政课教师和专业课教师在教育方式与方法方面的交流沟通，并提高其运用新媒体的能力，丰富课堂上和课堂外的教育手段和形式，根据不同专业学生的思维方式和学科特点设计教育教学环节，清晰地把握学生的思想动向和价值倾向，提升"课程思政"的针对性和实效性。网络平台的发展对"课程思政"建设应该形成"四个转化"：一是教学形式由固定课时型课堂教学向全天候自由型网络课堂转化，二是学生学习由单向被动型向双向互动型转化，三是教师由单一教学型向育人育德兼备型转化，四是思想政治教育工作由单一部门专管型向多个部门多个学科专业合作协同共管型转化。拓展网络平台从专业课教师角度来看，能够有效改善教学手段长期落后的状况，培养紧跟信息化时代进行"课程思政"教学的能力；对学生成长来说，网络平台能够拉近与学生的距离，没有时间空间的限制进行网络教学，以学生喜欢的方式，推动"课程思政"现代化；对于教学形式来说，可以改变单调的课堂教学，探索出更多的授课途径与方式，以更为吸引人的效果推进"课程思政"建设管理；对于课堂教学来说，是对课堂教学的完美补充，在课堂上实现不了的教学形式。转化到网络平台，尤其是在疫情期间或者其他不可抗力导致无法实现课堂教育时，网络平台的优势突显出来，利用腾讯会议、网络视频平台开展直播教学，成立多个讨论组进行线上听课讨论与辅导相结合，学生在PC端、手机客户端、Pad等端口学习，必要时专业课教师也可以进行一对一在线方案指导，通过课内外直播教学的时效性、互动性调动起学生的积极性。远程教学讨论与自主学习相结合，根据学习进度与目标规划进行分阶段汇报与自我评价，可以实现随时与教师和同学沟通并获得点评与指导，同时可以推荐网络平台上的优秀资源与本专业知识相结合，丰富教学资源，拓宽知识获取途径。

依托部分学院建设一批理论和实践研究中心，推动开展"课程思政"工作理论创新和实践探索。建立"课程思政"专题网站，开发设计"课程思政"微信小程序，丰富"课程思政"教师教学随记和学生课堂学习随感案例库。推动社会主义核心价值观进教室、进课堂、进屏幕，进一步引入社会力量参与思想政治理论课改革，完善"时政进校园""时政大课堂"延伸，发挥育人效应，提高育人成效。深化高校课程教学改革的关键是改革以知识传授为主的传统教学模式，有效支持并引导学生进行自主性、能动性、发展性学习。在线课堂教学创新学习方式，以学生为重点创建教与学之间新型关系，更加培养学生团结协作能力、面对问题解决问题能力、引导批判性思维等多方面能力，并非课堂教学的简单搬家，也不等于BBS，不等于网络放大版的广播式教学，它重在架构起将教育教学与现代信息技术深层融合的教学模式和课程结构。利用大规模网络授课的开展机会，积极探索、总结、固化网络授课成果，促进高校"互联网+教学"背景下"高阶性、挑战性、创新性"一流课程建设，提高课程教学质量，提升人才培养能力。

2.开展社会实践活动，实现"课程思政"多样化

课外实践活动可以让学生深刻感受携手并肩、团结互助精神，增强学生责任感与使命感。非教学型实践活动是日常课程外当前"课程思政"教育实践活动的重要组成部分。非教学型实践活动如读书会、讲座、校园活动、主题团日活动等的实践主体为广大学生，在研学过程中学生通过各类实践平台的相关配套活动亲身体验、主动对标、反思总结自身存在的问题。激发学生教育主体意识，培养学生自我教育思维，是实践活动教育目标的关键组成部分。

"第二课堂"的开展形式多种多样，跨越广阔时空范围，内涵外延和教育所达到的深度广度都是课堂教学所达不到的，要推进实现"课程思政"教育成果的达成，必须合理利用"第二课堂"开展社会实践活动，依照人才培养目标进行规划，在讲授理论知识的基础上，有目的、有计划地带领学生利用课余时间参与到社会政治、经济、文化生活的教育实践活动中去。社会实践对思想政治教育有明显作用，早在我国教育体系初建时期，党和国家就明确强调实践活动关乎人才培养，是教育的有效途径，具有重大意义。"第二课堂"的成绩单显示出教育改革发展的进步，推进国家经济发展大局的全面规划。近年来，在课程设置中实践类课程所占比重逐步增加，除了社会实践课程外还包括专业实验实践课程以及创新创业实践课程。专业实验实践课程旨在将所学专业理论知识应用于具体对应的实践活动，在实践中加深知识的理解，提升发现问题、解决问题的能力，用专业知识做专业的事；创新创业实践课程重在培养学生的创新意识、创新精神、创业能力，在实践课程中激发学生思维与想象，引导学生从问题导向出发，参与沟通交流，敢于发言、善于思考，培养独特的创造意识，进而强化创新精神提升创业能力；社会实践课程包含范围广，相关实践项目较多，在实践中不仅能够了解世情国情民情，对于劳动教育方面也能起到一定的作用，学生在劳动精神和素养方面均能获得提升，最重

要在于能够增长才干、锻炼思想意识。高校"第二课堂"有意识地突出价值引领作用，对第一课堂的补充和强化作用，将所学到的知识外化于行动中能够使"课程思政"实现系统化、立体化。多样化的"课程思政"社会实践活动将思想政治理论课从以往长期孤立育人的现实困境中剥离出来，使思政课与其他各类专业课相互不囿于原有的简单的知识传授，以更加丰富的内容形式、变换多样的教学方式，使"课程思政"更有力度地在育人过程中提高教育实效。

三、统筹新时代高校"课程思政"的部署设计

"课程思政"作为一项重大改革各方面还处在改进上升阶段，需要不断优化相关的配套建设作保障，才能对实践效果起到明显的作用。"课程思政"统筹部署设计，目的在于规范和指导"课程思政"的实践运作。高校党委要结合学校特点，因校制宜，使"课程思政"工作合理化、规范化，整体优化部署和加大实行力度，保障计划建设的顺利进行。

（一）科学把握"课程思政"教学建设管理的规划方向

第一，抓好顶层设计。构建"课程思政"体系的终极目标是帮助学生形塑文化自觉和文化自信，将社会主义核心价值观内化于心、外化于行。高校党政部门和相关职能部门需要统筹整体布局把握办学方向，掌握教育教学工作的主导权。对"课程思政"进行顶层设计和总体部署。马克思主义学院则需要加强直接领导、指导和管理，坚持立德树人，明确教学目标，在打通思政课程与专业课程的过程中将社会主义核心价值观和中华优秀传统文化等教育内容融入教学全过程；通过加强马克思主义理论学科建设，夯实"课程思政"的学术支撑；通过建立教学质量保障机制、跟进全员育人机制建设、完善教学质量考核等多项措施以保障全体系支持教师参与全员育人工作。把"课程思政"工作目标纳入各个队伍的工作布局中，保证各个专业课教师，不同育人队伍可以在共同的目标导向下开展工作，推动"课程思政"育人可持续发展。

第二，抓住政策方向。"方向比努力更重要"，对于"课程思政"建设这是至关重要的法则。在"课程思政"探索之初，尚无成熟可用经验之时，深刻解读相关教育政策，探索分析相关政策指引，拟定设计相关工作规划则显得尤为重要。素质与能力并进的课程体系是"课程思政"教育教学改革的主要指向，为使"课程思政"建设管理工作有效开展，需要带领专业课教师优先学习与"课程思政"工作有关的方针与政策的主要文件精神，以此为指导，保证"课程思政"工作的正确方向。2016年12月8日，习近平总书记在全国高校思想政治工作会议上强调："把思想政治工作贯穿教育教学全过程，实现全程育人、全方位育人，努力开创我国高等教育事业发展新局面。"习近平总书记立

足于全局高度，详细深刻地回答了关于高等教育发展和高校思想政治工作的相关重大问题，具有很强的政治性、思想性和针对性，明确了高校思想政治工作实施的重大意义、目标指向和基本要求，把握正确的办学方向，突出问题导向，调动起所有相关部门共同促进高校思想政治工作的积极性。2017年2月27日，中共中央、国务院颁布的《关于加强和改进新形势下高校思想政治工作的意见》主要强调开展思想政治工作的重要意义和总体要求；高校教育要强化思想政治理论和价值引领功能；全面发挥哲学社会科学育人功能；主抓课堂教学管理，关注其他各类思想文化阵地建设实施；整合教师队伍以及其他教育力量的建设；改革创新思想政治工作；进一步加强党对高校的领导工作。2018年1月20日，中共中央、国务院颁布《关于全面深化新时代教师队伍建设改革的意见》，作为首次专门针对教师队伍建设管理的里程碑式政策文件，文件首先强调兴国必先强师，把握教师队伍建设的基本原则，树立短期目标；进一步提升教师思想政治素质，对师德师风建设加以关注；着力加强教师教育，保证教师专业素质能力水平；整合教师管理改革系统，整体梳理体制机制；提高薪酬待遇，突出教师主体地位，维护教师职业尊严和合法权益；切实加强党的领导，全力确保政策举措落地见效。2019年8月14日，中共中央办公厅、国务院办公厅印发《关于深化新时代学校思想政治理论课改革创新的若干意见》的文件，关键内容包括对思政课课程教材体系作出全面调整规划；强调要建设一支政治思想强、思维思路新、格局视野广、自律标准严、人格品德正的思政课教师队伍；对课程的思想性、理论性严格把控并兼顾亲和力、针对性；坚持党对思政课建设的全面领导。2020年5月28日，教育部颁布《高等学校课程思政建设指导纲要》的通知，这是针对"课程思政"教育教学理念提出的第一部正式的指导纲要，对"课程思政"建设具有重要的指导意义。在高校价值塑造、知识传授、能力培养"三位一体"的人才培养目标中，价值塑造是教育工作的第一要务。学生被塑造怎样的价值观念会直接关系党的事业是否后继有人，关系国家前途和命运。

第三，抓好课堂主渠道。首先最直接的是管理好课堂教学，修订高校关于管理课堂教学的规定，将现行"课程思政"建设管理要求全面融入。其次将第一、第二课堂进行综合应用，坚持守好主渠道、强化教学第一课堂，唱好主旋律、激活实践第二课堂，建好主阵地、占领网络新课堂，着力带动广大师生真学、真信、真用。特别对于第二课堂的内涵思政元素要深入挖掘，开启形式多样的实践活动、实训任务，真正做到"读万卷书"结合着"行万里路"，拓宽"课程思政"建设思路和方法。最后要在教育教学方法上不断改革创新，以学生学习成效为目标，改革以学生为中心的教学方式和评价方式，激发学习兴趣，引发深入思考，引导思想启迪。在互联网全覆盖的环境下"课程思政"需要把握形势顺势而变，因材施教适应新时代青年学生的思想方式，更新创新课堂教学模式。"课程思政"教学最终成效如何，专业课教师起着绝对的作用。广共享、强培训、重合作、树榜样、深研究是对专业课教师建设的五方面要求。"广共享"就是要建立健全优质资源共享机制，分区域、分学科开展典型经验交流、现场教学观摩、教师教学培训等活动。"强培训"就是要将"课程思政"建设管理要求和内容纳入教师岗前培训、在岗培训和师德师风、教学能力专题培训中。"重合作"就是要充分发挥教研室、课题组、教学团队等基层教学组织作用，建立"课程思政"集体教研制度。"树榜样"就是要鼓励支持院士、"长江学者""杰出青年"、国家级教学名师等带头开展"课程思政"建设管理，充分发挥示范带头作用。"深研究"就是要加强"课程思政"建设管理重点、难点、前瞻性问题的研究，在教育部哲学社会科学研究项目中积极支持"课程思政"类研究选题。

（二）推动开展"课程思政"教学实践的基地建设

"课程思政"强调"知行合一""实践出真知"，真理往往从实践当中得来，实践与认识密不可分，理论知识不能用于实践则失去了其价值与意义，而如何将实践做得更好则依赖于认识提升。基地建设是"课程思政"教学长期稳定开展的基础保证。各个高校要根据不同课程的开展进行有关政治、思想、道德、法治、心理健康以及综合教育基地的建设规划，并在科学规范、资源共享、经济合理、功能实用等原则指导下进行建设。在实践基地的选址、建设上要科学规划、管理规范、合理布局，充分利用校史、校园环境等校内资源，利用所处区域的地理优势、人文特色开放办学，沟通当地历史纪念馆、博物馆、党政机关等具有教育意义的活动场所与之对接，挂牌建立"课程思政"实践教学基地，对基地建设内容进行丰富拓展。同时积极搭建资源共享平台，与同城同省高校、企业等相互合作，弥补"课程思政"建设管理在实践方面的不足与缺陷。建立固定稳妥的实践育人基地，促使实践教学发展常态化。高校等教育相关部门要给予"课程思政"专项经费保障。要严格按照学校要求规划教学专项经费的使用，列入专项预算，并随学校经费增长而逐年增加，且不得挪作他用。同时也要积极争取社会力量支持，拓宽渠道增加"课程思政"实践教学经费的投入。建立并不断完善激励机制，既要有不断的精神激励同样也要伴随必要的物质鼓励。邓小平曾说："我们实行以精神鼓励为主、以物质鼓励为辅的方针，奖牌和奖状的颁发属于精神鼓励，这是完全必要的精神层面上的荣誉，同时，物质鼓励也是不可或缺的。"公平合理的奖励机制也能很大程度上激发调动各个学院及专业课教师参与推进"课程思政"的积极性。奖励机制制定规则不能过于苛刻或难以实行操作，也不能对于标准界定过于宽松模糊，要富有弹性，具体问题具体分析，进一步讲不仅要在高校专业课教师职称晋升、荣誉奖励、绩效奖励以及年终考评等方面有所体现，例如提升专业课教师授课占职称晋升中的比例，改变以往无论是领导还是教师偏向注重科研轻视课程的心理；对教学方案与设计进行检查，将学生对课程情感态度的转变等纳入对工作绩效等方面的评估。要以树立典型课程示范和育人典型人物为基准给予工资、福利、奖金等形式的物质奖励，高校要在事业留人、感情留人上下功夫，更要将待遇留人做到实处,对专业课教师产生的优秀科研成果确立明确的奖励制度,激发专业课教师的潜能,调动其主动性和创造性,使专业课教师对"课程思政"建设管理具有强烈的代入感。将教学成果与自身切身利益相关联,能真正达到工作效率的提升,进而促进改革工作循环往复地进行,推动"课程思政"教育教学的建设向纵深发展。

(三)合理建构"课程思政"教学效果的评估机制

专业课教师育人意识的提升和实践教学体系的建构并不一定能够达到既定的效果。教学效果要依据科学合理的评价机制来评判。评价的主要标准在于:第一,"课程思政"的目标是否科学正确、具体明确。关于目标是否科学正确的问题,可以结合相关的课程内容,判断是否能够坚定理想信念、是否能够厚植爱国主义情怀、是否能够加强品德修养、是否能够增长知识见识、是否能够培养奋斗精神、是否能够增强综合素质。关于目标是否具体明确的问题,要判断专业课教师对所任课程的思想政治教育总目标是否表述明确,是否将总目标落实和细化到具体章节。第二,"课程思政"的育人元素是否得到充分挖掘。专业课教师是否充分挖掘所任课程蕴含的育人元素,应该以挖掘度来衡量而不仅仅以挖掘量来评判。哲学社会科学课程所蕴含的思政元素显然要高于自然科学课程,不同课程进行思想政治教育的资源内容也会存在一定的差异,因此"课程思政"挖掘量是绝对指标,"因课而异",挖掘度是相对指标,应分析挖掘量在蕴含量中所占比例。挖掘度一方面根据专业课教师对所任课程的理解程度来判断,理解程度高,挖掘度则高;另一方面根据专业课教师对思政内涵的深刻理解和对课程育人的积极参与来判断,对思政内涵的理解把握越深刻清晰,对课程育人的主观能动性越高,挖掘度则越高。第三,思政教育与专业教育是否得到有机融合。对于融合度的评价就是对"课程思政"有效性的直接判断。首先,思政元素是否自然无痕润物无声地融入专业课程。对于哲学社会科学课程而言,可以相对较容易地做到自然无痕润物无声,但对于理工科课程来说,则更加需要专业课教师深入挖掘育人切入点,勤于关注时事政治,在授课过程中时刻带入与此相关的人物事,以学生容易接受的方式引导其价值导向,实现教书育人双重功能。其次,在专业课程中融入思政元素是否深刻突出。"课程思政"不是将专业课程变为思政课程的简单延伸,将专业课程"思政化"的做法相对草率,是对"课程思政"理解的偏差。在"课程思政"实践中,为了深度融合并突出重点,需要适当采取化整为零的策略,让思政元素与课程习题、课后作业实现深度融入。第四,"课程思政"是否具有明显的实效性。专业课教师是否能做到与时俱进,理论创新是影响"课程思政"时效性的关键。注重实效性考核有利于增强专业课教师社会责任感,敦促专业课教师积极关注国内外大事、社会变革,给学生最新的知识教育,使学生了解国内外发展动态,认清国际形势和时代发展的脚步。同时也有利于弥补教材内容的滞后性问题,尤其是对习近平新时代中国特色社会主义思想的理解和探索都需要专业课教师及时将相关理论成果融入课程教学之中。第五,"课程思政"是否针对错误观点和思潮进行理性批判和坚决抵制。我国正处于经济社会发展的关键时期,国际形势变幻多样,各种社会思潮层出不穷。在多元的社会环境中,正确与错误并存、先进与落后交织。"课程思政"的关键部分涵盖了对错误思潮的批判,专业课教师应敢于向错误思潮亮剑,善于以批判错误思潮来激浊扬清、凝聚共识,向学生揭露错误思潮的本质及危害,从源头遏制错误思潮侵蚀学生头脑和思想,坚决抵制西方意识形态的渗透腐蚀,全面防止错误思潮的散布和蔓延。第六,"课程思政"是否具有较高的达成度。达成度评价就是展现对照标准的结果,总结预设目标与结果实效之间的完成程度。从实际来看,达成度主要关注学生的学习成效,以课程结束为时间节点,参考标准是学生的思想意识、品德素养、言谈举止等是否有积极的改善或明显的转变,是否达成课程预设的思政教育目标。以考试的形式检测"课程思政"融入的成效是必然过程,但不仅限于考试的结果来评判,考试是对知识的检验,在于怎么"想","课程思政"带来的教育成果更为重要的是如何"做"。"知行合一"才是"课程思政"最好的教育结果。

高校"课程思政"教学效果科学评估体系的构建是一项系统工程,评估内容要具备科学性、客观性、先进性,评估的结果要具有真实性、合理性、有效性。因此,高校"课程思政"评估体系的构建首先要遵循问题导向的原则,要敏锐地抓住当下"课程思政"评估体系构建所存在的普遍性和突出性的问题,以明确和解决问题为目标指向。以问题为起点,要从解决问题出发设计评价体系,对"课程思政"实效性起到积极的引导和促进作用。其次要坚持体系完整的原则,事物的功能能否得到充分发挥取决于事物构成要素的完整性。如果事物构成要素结构不完整会阻碍事物功能的发挥。要保证高校"课程思政"评估系统能够科学准确地反映出"课程思政"实践的真实结果,其所构建的评估体系必须达到标准的完整性,由此才能反映出"课程思政"的整体完成度。最后要秉持简便易行的原则,构建评估体系的主要目的是完成对"课程思政"教学效果的客观评价,检验具体成效。检验标准要紧紧围绕学生的思想观念、政治修养、道德品质和教师的思想认识、政治觉悟、职业道德等进行设立,因此要明确指向、显性可测、客观标准、评估方法简单易行。

四、营造新时代高校"课程思政"的浓厚环境氛围

环境是一种外在的、既定的因素,是"课程思政"作为教学工作系统的存在条件,"课程思政"教学工作系统的变化随着相应的外在环境而变化。高校积极响应党的教育方针,大胆改革教学新模式、勇于探索教学新思路,灵活主动地对现有环境氛围进行改造以及从不利环境中探寻有利因素。环境在一定程度上决定"课程思政"工作实效,"课程思政"工作效果又会对环境进行改造。要打破分割界限,使得课堂教学、校园文化活

动、实践体验教育、教学媒体等作为育人工作的各分系统同频共振，协同推进，不同载体之间应相互补充，搭建立体化多维育人空间，实现协同方法最优化，协同工作效果最大化。

（一）丰富拓展校园文化活动

"课程思政"注重育人环境的培育，课堂内外的校园物质环境、文化活动环境皆是孕育教育思维的土壤，课堂氛围、校风学风、校园文化、校园学术氛围都能够潜移默化、深远持久地对学生价值观念产生有效影响。高校开展"课程思政"实践教学可以以多样的校园文化活动进行，使"课程思政"以渗透的方式融入学生生活，间接达到育人成效。

"课程思政"教学实践活动有利于增强学生的文化自信，通过社团建设开展社团活动，在教师指导下组织进行文化宣传；设立马克思主义研讨会，学习理解马克思主义中国化的最新理论成果，兼顾学生讨论的独立思考价值，致力于实现学生的知识愉悦感和思维创新度之间的有机平衡。研究践行社会主义先进文化，积极鼓励学生参与各种志愿者活动，凝练校园特色文化，以学校优秀知名学者为原型，筹划校园舞台话剧展演，以生动的方式传达英雄事迹、时代楷模的教育精神，感受优秀前辈为国为民、坚忍而勇为的情怀。校园文化活动的开展，能够将优秀传统文化精神厚植于学生心中并始终保持旺盛的生命力，有助于深入挖掘学生的学习热情，这样的代入感和情绪上的共鸣是传统授课型思想政治教育所无法实现的效果，能够使学生的思想价值与活动内容紧密联系在一起，从而达到传播效果。鼓励学生在课堂外形成趣味性的观看与聆听，避免任务性的查阅与写作，从而在课堂内和课堂外的良性互动中，促发学生的内生性学习动力。多元化的教育形式，推进"课程思政"实践的不断变换和深入，最大限度地满足时代发展进步及学生成长成才的需求，使"课程思政"实践教学的宣传教育贯穿学生校园生活的始终。

（二）加强教学媒体的多维融合

随着新时代的不断发展，新媒体成为"课程思政"实践教学的重要载体和手段。"课程思政"建设管理要实现课内课外、校内校外、网上网下有效结合和优势互补，拓展和完善全方位、多层次、立体化的实践教学媒介。中共中央办公厅、国务院办公厅曾联合发文强调，高校要重视打造专业示范性思想理论教育资源网站、学生主题教育网站和网络互动社区，推进微博、微信公众账号等网络新媒体建设。引导学生从"要我学"自然转变为"我要学"，建立正确网络观，使其成长为马克思主义的网络捍卫者和现实践行者。

首先，促进高校校园传统媒体和新媒体融合发展。高校要创新校园媒体管理体制机制，创立新闻中心是多数高校选择进行的初步实践探索，同时也可以规划加强校报、宣传栏、校园广播、校园电视等传统媒体的发展，积极运营校园新闻网、学校官方App、学校官方微博、官方微信公众号及小程序等新媒体，充分发挥各类媒体的自身特点和比较优势，加强不同媒体之间稿源的共享，新闻网、微信、微博等媒体具有时效性强、内容丰富、传播快捷、便于操作、覆盖面广、吸引力强的优势，利用更容易被学生接受和喜爱的技术手段，能够抓住第一时间抢先报道重要新闻。专业课教师也可以以网络途径获取最新的行业知识与信息，并将获取知识及时应用于课堂教学，高速开放共享的信息传播服务弥补了知识获取不足的缺陷，资源能够得到最大限度的共享，突破以往传统教学被时间与地点限制的困境。校内报纸、宣传栏虽然时效性较弱，但是可以做到内容全面和有深度。因此，在报道形式上因时制宜、因事制宜，促进高校传统媒体和新媒体之间的互动合作和整合协调。还应加强各个高校之间媒体的融合发展，组建高校媒体联盟扩大影响力，建立健全多边互通和信息共享机制，保持宣传口径一致，增强新闻信息传播效果和思想政治教育传播范围。网络小视频平台的应用在当前社会尤为普遍，"课程思政"可以借助拍摄短视频、微电影，行之有效地开展教育实践活动与育人工作。确立微电影主题进行拍摄后，及时对成果进行展示播放，并指导学生对成果进行修改完善以达到教育的目的，活动结束后有针对性地对主题所反映的问题进行思考，以更立体的方式提升学生分析问题解决问题的能力。

其次，倡导合理有序文明地引导校园网络舆论走向。一方面，整合校园官方与学生个人两个舆论场。网络媒体倡导言论自由，但自由的前提是要理性公平。高校舆论普遍存在校方和学生舆论观点出现分歧，甚至相互冲突的现象。对此，高校要多维关注互联网时代舆论引导的新形势，对学生自媒体平台跟踪了解，及时掌握学生的思想动态，积极主动地与学生观点进行融合，努力提高校方的存在感和活跃度，参与时事政治、热点新闻的舆论探讨，加强与学生的双向沟通互动。高校更要依法依规监督网络平台，引导学生营造健康网络环境，及时清除网络垃圾信息和不良虚假信息，对错误思潮进行严肃批判，对错误观点进行坚决抵制并引导纠正，保障校园媒体环境能够积极健康地运营发展。另一方面，提升校园媒体议程设置的科学合理性，进行有序的网络舆论引导。在当前信息全覆盖的网络环境下，传统媒体和新媒体的信息来源相互交叉。新媒体善于将新闻报道或热点问题促成话题讨论，引发舆论热度。传统媒体从学生的角度来看始终更具权威性、可靠性和公信力，传统媒体筛选过的网络信息和舆论，能够对学生起到灌输和导向作用。高校要利用新闻媒介肩负起教育重任，及时发布权威信息，纠正错误舆论导向，打破网络谣言的侵害，做全面、客观、准确的新闻报道。新媒体鼓励学生对学习的新渠道、实践的新方式保持关注并积极尝试体验，培养学生的创新意识和试错精神，利用互联网、大数据在传播领域的应用，引导学生树立为专业发展刻苦学习和努力研究的科研精神。

（三）展现社会对"德才兼备"人才的需求

高校培养学生是为使学生能够在社会生活中实现自身价值,社会的发展需要教育强国战略有效实施以起到推动作用。培养又红又专的社会主义接班人是"课程思政"建设管理的方向目标。专业领域的课程教育不能仅局限于钻研"知识本身",同等重要的是肩负着现代化强国建设所需要的人才培养使命。社会的发展需要德才兼备的青年来推动,政治立场、价值认同、道德修养、专业技能都是新时代人才不可或缺的素养。

社会需要胸怀祖国的青年。英国著名哲学家阿弗烈·诺夫·怀特海曾说:"在中学阶段,学生伏案学习;在大学阶段,他需要站起来四面观望。"大学教育须从更广的知识结构思考教育。"课程思政"把教育视角提升至政治高度,教育学生走进社会要胸怀祖国,放眼世界。例如电子信息类专业中的电磁场与电磁波专业课程,电磁场与电磁波是人类的共同财富,同时电磁波也是一种不可再生资源,开发和利用新的无线电频领域已成为国际竞争日趋激烈的舞台。专业课教师要引导学生掌握专业技能要有胸怀祖国的热忱,电磁场与电磁波能够应用于各行各业,近到身边的通信、导航、广播,远到军事电子对抗、海空预警国家卫星导航,社会的发展需要人才来推进,专业领域的人才要有坚定的政治立场,清醒的头脑。因此,要培养学生的大局意识和社会责任感,使其不受外界消极因素影响,投身于祖国和社会的建设。

社会需要专业技能强的青年。培养学生敢于创新、善于创新的创业精神,要做到专业教育与创业教育相结合,思政教育与知识传授相结合,体现人才培养的一贯性。培养学生牢记使命,格物致知,学以致用,能站在国家需要、社会需求的角度感受和思考问题。任何学科、任何专业都会对整个社会的进步起到促进作用,各专业课教师要让学生懂得术业有专攻,钻研自身专业领域,熟练掌握理论知识,树立科技强国、创新兴国的宏图大志,把自身追求和民族复兴的伟业紧密结合起来,从国家和人民的现实需求中寻找建设的方向。

第五章　高校实践教学管理探索

第一节　高校实践教学的内涵

一、实践教学体系

实践教学体系的概念有广义和狭义两种。广义的实践教学体系主要指实践教学过程中每个要素之间所组成的有机整体。主要包括实践教学过程中的目标、内容、管理、评价和保障这五个部分。狭义的实践教学体系指的是对实践教学内容体系具有一定的指导作用，主要根据不同专业的特点在教学计划制定过程中，开设适合的课程以及科学配置每个实践教学环节，即课程实验、生产实习、企业实训、学科竞赛、毕业论文（设计）、社会实践等，从而形成与理论教学体系相辅相成的教学内容体系。

二、实践教学在人才培养中的作用

20世纪80年代以后，世界高教领域慢慢开始对实践教学重视起来，认识到了实践教学对应用型人才培养的作用。近些年来我国很多高等院校也陆续在高等教育教学改革的探索过程中开始重视增强实践环节的建设。目前已经有越来越多的人对实践教学有了更加清晰的认识，大家普遍认为实践教学在培养学生实践能力和创新能力的环节中发挥着重要的作用，同时认为实践教学是提升毕业生职业素质和市场竞争力的重要途径。

（一）实践教学是应用型本科院校教学的重要部分

实践教学和理论教学是应用型本科院校教学的两种不同形式。从实践教学的内涵不难看出，实践教学更侧重对学生理论知识的巩固和拓展，深化学生的理论基础，训练学生的动手实践能力，让学生熟悉真实工作环境和了解实际的工作流程，目的在于培养学生的实践能力、组织协调能力和创新精神。因此，实践教学在应用型本科院校教学中具有非常重要的地位。

（二）实践教学是应用型本科培养人才的重要环节

应用型本科院校是培养思想品德高尚、具有扎实的理论功底、专业技能熟练、适应能力较强的应用型本科人才。为了实现这一培养目标不仅要抓理论教学，更要重视实践教学环节。在实践教学环节中，学生可以更好地把课堂知识转化成操作能力。这样学生具有较强的实践能力和较高素质，才能满足现代社会的需求，才更受劳动力市场的欢迎。

（三）实践教学是培养学生创新能力的有效途径

实践教学过程就是学生将理论知识与实际生产相结合的过程，是实现从课堂走进现实的过程，也是课堂教学中的基本原理在生产实际中的进一步扩展，帮助学生拓宽自身的认知领域，激发学生勇于创新的动力。在实践教学活动中不仅可以锻炼学生动手操作的能力，又可以使学生学会发现问题，独立思考寻找解决问题的思路。不同的实践教学内容训练，特别是设计实验的训练，可以更好地让学生展示自身的创造才能，增强学生的创新积极性，从而培养学生的创新能力。

（四）实践教学是应用型本科院校为地区服务的重要途径

潘懋元教授在《我看应用型本科院校定位问题》一文中指出应用型本科院校应该定位于"立足地市，为地方服务"。对于应用型人才的培养也必须与地区经济的发展紧密结合。必须针对地方区域经济的发展、产业结构优化升级、高新技术产业发展以及资源综合利用和可持续发展等重大课题进行有效研究，同时充分利用高校自身的教育和人才资源优势，积极鼓励教师和学生深入企业生产一线来开展实践教学，与地方其他机构展开多层次的人才交流工作，这样高校不仅可以服务于地方，同时也可以实现自身的发展。因此，实践教学是高校为地区发展作出贡献的重要途径。

综上所述，在应用型本科院校的人才培养过程中，实践教学是应用型本科院校教学的重要部分，也是应用型本科院校人才培养的重要环节，更是应用型本科院校服务地区的重要途径。因此，实践教学能否有序高效地开展不仅关系到应用型本科院校应用型人才的培养质量，也关系到转型后应用型本科院校的可持续发展。

三、实践教学的理论基础

（一）劳动教育理论

《马克思主义教育论著研究》中把教育理解为"智育、体育、综合技术"，并指出生产教育要与智育、体育、综合技术相结合。马克思在《资本研究》中对这个经典的教育理论作了更进一步的完善，指出全面个人发展替代片面发展是历史的必然选择。

习近平总书记在 2018 年 9 月 10 日召开的全国教育大会上强调，高校要教育引导学生崇尚劳动、尊重劳动，这是高校立德树人的教育实践的基础。高校作为向社会输送人才的中枢单位，肩负着培养高素质复合型应用人才的重要使命。高校将劳动与教育相结合，是促进学生个性化、全面发展的有效途径，是解决目前普通高校人才的理论素质与实践能力不匹配的重要方法和手段。

对应用型本科高校人才培养，就应该秉持"劳动与教育相结合"的劳动教育观念，把培养人才的实践能力放在首位，积极探索创新校地政企人才培养的合作新模式，才能从根本上激发学生的主动学习意识，才能保证学生接受到全方位、多元化的实践教学，使高校成为培养社会需要的应用型人才的重要力量。

（二）情景构建主义学习理论

情景构建主义学习理论包括构建主义学习和情景学习两个概念。其中提出构建主义学习的专家认为，学习是由学生主动去获取的一个过程，在这个过程中，由学生自主地将外部的信息进行选择、加工和处理，从而获得自己的意义。这是一个反复的、递进的学习过程，在这个学习过程中最关键的是学生以问题为导向，而不是以结论为导向。这样更强调学生"做中学""学中做"的思想，在整个过程中学生才是参与学习全过程的主体，教师则只是作为学生学习中的向导或合作伙伴。这个理论为当代应用型本科高校对人才的多样化要求和学生发展的个性化需求提供了坚实的理论基础。

情景构建主义学习是对构建主义"做中学"观念的一个升华。情景构建主义学习的概念要比构建主义学习包括更为广泛的意义，是一种更直观的教学模式，这种教学模式通过刻画教学中的"情境性"，让学生更多地参与实践去共同完成教学内容，让学生由旁观者真正转变为学习参与者。通过模拟现实生活工作中的典型工作任务或场景，让学生对理论概念有个更清晰的认识，更进一步锻炼学生的实践能力。

随着时代的发展，情景构建主义学习理论在现代社会环境下更具有现实意义和指导意义。对于应用型本科高校来说，要不断完善和创新实践教学内容，就应该不断更新实践教学方法和手段。例如，根据课程实际情况和需求，设计虚拟仿真实验教学项目，通过线下理论、线上实践相结合的教学手段，加强学生实践能力训练。

（三）实践性学习理论

实践性学习本身就是一种理论与实践相互结合的产物。实践性学习既是一种方法论，又是一种实践工具。它强调个人在实际工作和学习生活中掌握新知识，在与其他个体的共同实践中提高自身能力。现实主义者认为，在高等教育领域的教学工作也应该侧重学生的实践性学习，因为他们认为高校老师仅仅是教学活动相关信息的传播者，学习活动是在信息被成功接收、存储并经过概括后才发生的。教师工作集中于理论本身，学生通过实践操作后,将之前学到的理论与模拟现实生活或工作场所中遇到的问题之间建立起联系,从而让抽象的知识表现出一种持久的内涵。

高校应该侧重学生实践教学培养,注重学思结合、知行合一,以强化实践教学有关要求为重点,以创新实践育人方法途径为基础,积极发挥学生在实践学习中独立思考的作用。

根据上述理论的基础,应用型本科高校人才的培养应该牢固树立理论与实践相互结合的思想。一方面在课程的设置上,应该多增加探究性、操作性强的实践教学内容;另一方面,创新教学手段和方法,例如采用启发式、情景式、案例式教学,让学生对理论知识有更加深刻的理解,从而帮助学生提高他们的专业理论知识和熟练的实践技能,最终达到提高学生就业能力的目标。

(四)职业能力理论

职业能力理论是基于职业发展和能力本位理论(CBE)所形成和发展的科学理论。职业能力理论研究的对象更侧重于高等教育领域的应用型人才。其概念就是将个体所获得的知识、经验、技能和态度在特定的职业活动或情境中进行类化迁移与整合,所形成的能完成一定职业任务的能力。

职业能力理论上更偏向于培养学生的专业基本技能、专业创新技能、专业从业技能等实践能力。通过这些实践能力培养训练,学生得以获得更扎实的专业理论基础和更加突出的分析解决实际生产过程中问题的能力等。在实际操作中,应该将学生的专业技能、专业能力与职业能力理论相结合,这是符合新时代教育理念要求的。

应用型本科高校是理论和实践性都非常强的综合性的高校,要求输送到社会的人才具有较高的综合实力,足以支撑其进入社会后实现长足发展。职业能力理论与上述观念具有非常强的契合度,两者都强调实践性,强调对能力和职业的发展。所以,应用型本科高校实践教学体系的完善需要职业能力理论的指导。

第二节 高校实践教学管理的路径探索

一、调整和完善实践教学目标

实践教学目标是实践教学体系中最核心的一部分,在整个实践教学体系中起引领驱动作用。对于应用型本科高校来说，实践教学目标的调整和完善应该充分考虑毕业生就业情况达成度，侧重对学生通识能力、专业能力、创新能力、职业能力等综合素质的培养，并制定出相应的实践教学计划，统筹安排其实践课程内容等，这样才能培养具有更强创新精神和实践能力的高素质应用型人才。实践教学目标体系框架如图 5-1 所示。

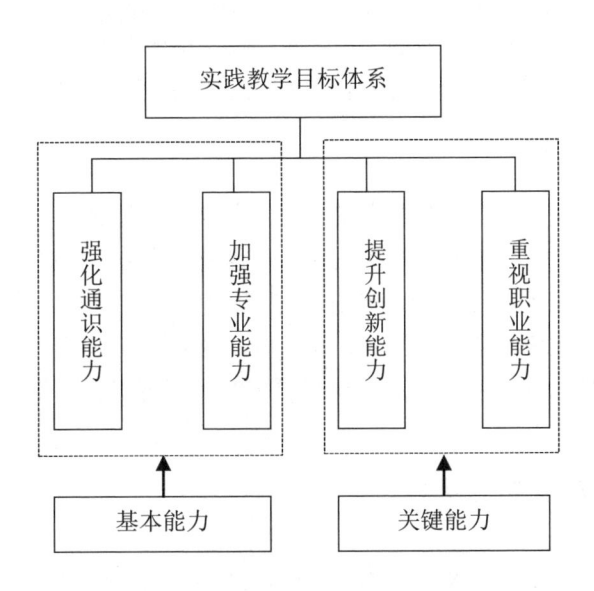

图 5-1 实践教学目标体系框架

（一）强化通识能力

通识能力即通识教育，指的是在不同学科领域、不同行业和职业中均需具备的基本能力。其侧重培养学生独立思考能力、学习能力等。通识教育是对培养学生实践教学专业能力的一个很好补充，但是对当前毕业生就业能力分析，传统的通识教育如数学、计算机、外语等课程已经不能完全满足学生就业竞争力的提升，对于应用型综合性的本科高校来说，应该提高对通识教育素质实践课程的重视程度，去培养对不同学科有所认识并能独立思考、融会贯通的"健全人"的一种教育。

（二）加强专业能力

专业能力是在具备通识能力的基础上，再深入学习本专业的学科基本理论、基本知识，并运用到对应的专业基础及专业实验、实训、课程设计、认知实习、专业实习等课程中。专业能力的培养是实践教学的重要目标，为了更好地培养学生专业能力，就应该充分发挥专业实践课程学时多的特点，并将其教学内容与实际工作情况紧密联系，注重专业能力培养的有效性，使学生得到更多专业能力训练，为今后进一步学习其他专业知识打下坚实的基础。

（三）提升创新能力

创新能力是通识能力和专业能力培养的一种提升，学生通过参加专业实验、毕业实习、毕业设计（论文）及各类竞赛活动，不断激发其创新精神和创新能力。当前用人单位亟需具有创新精神和创新能力的人才，而培养这类人才最重要的途径一直就是高校的实践教学。高校作为实践人才培养的中枢单位，应该出台并改革创新人才培养方式，形成学生、教师、行管人员等全员参与格局，为广大学生搭建起一个良好的创新实践平台。

（四）重视职业能力

由于现代社会在不断变化，对人才岗位的要求也在不断变化，人才对岗位的适应都有实践和认识过程。为了培养出能尽快适应岗位需求的人才，提高毕业生的就业率，学校应该重视对学生在校期间职业能力的培养，提高对就业指导和大学生职业规划与人生发展等课程的重视程度，可分为入学前、入学后、学生学习结束，从这几个阶段去设置相应的就业指导课程，使学生在毕业前获得更多实践锻炼机会，增强学生就业能力。

二、优化实践教学内容

实践教学内容是依据专业对学生实践能力目标总体要求而建立起来的一系列从理论到实践的实践活动。因此，在实践教学内容体系优化上，必须重视将各实践教学环节具体实践能力目标落实到对应的实践教学活动中，并从实践教学层次的划分、实践教学课程建设、实践教学方法和手段等方面去优化实践教学内容体系。具体体系框架详见图5-2所示。

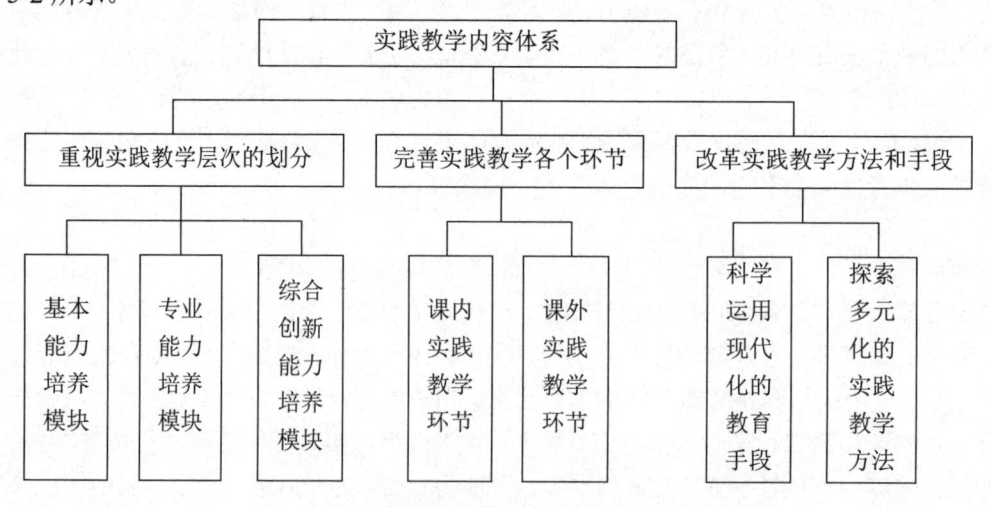

图 5-2 实践教学内容体系框架

（一）重视实践教学层次的划分

实践教学内容的优化应该侧重层次化、模块化划分。按照实践教学目标要求，将实践教学内容分为基本能力培养模块、应用能力培养模块、综合创新能力培养模块等三个模块，并且每个模块有对应的实践能力目标和对应具体的实践教学环节，如图 5-3 所示。

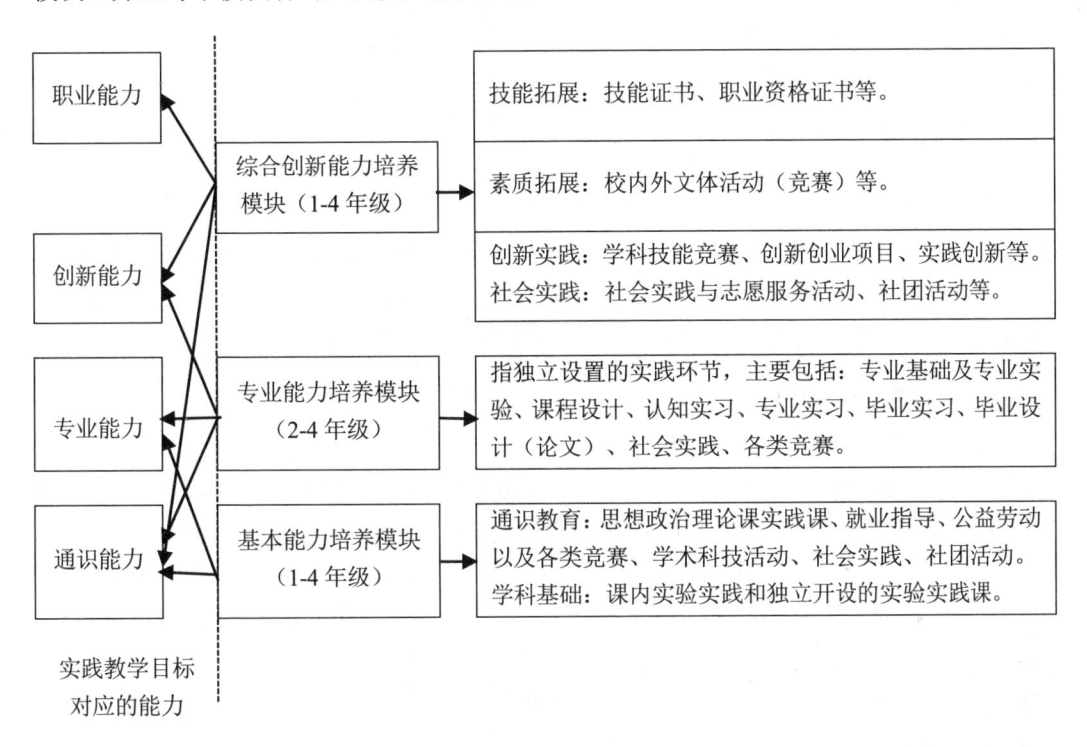

图 5-3 实践教学内容层次划分

1.基本能力培养模块

基本能力培养模块侧重对学生通识能力、专业基础能力的培养。其中，这里的通识能力主要是指素质教育实践课程，如思想政治理论课实践课、就业指导、公益劳动以及各类竞赛、学术科技活动、社会实践、社团活动等。专业能力主要指的是学科基础课程，即课内实验实践和独立开设的实验实践课。学生通过参加以上实践活动，让自身获得知识的能力、个人发展的能力等基本能力得到全方位锻炼，从而增强适应社会能力。

2.专业能力培养模块

专业能力培养模块主要是指学生通过对学科专业基础知识和基本能力的训练后，再按照"实践—学习—再学习—实践"的指导思想，通过参加独立设置的实践环节课程，如各类专业基础及专业实验、各类实习、毕业设计（论文），以及各类竞赛和社会实践活动，对学生进行全方位、递进式综合实践能力培养。

3.综合创新能力培养模块

综合创新能力培养模块是基本能力、专业能力培养模块的一个提升，其设置目的主要是培养学生就业前所需要的创新能力、职业能力等综合能力。按照对学生综合能力培养的导向，主要由创新实践、社会实践两个环节的内容构成，主要包括学科技能竞赛、创业实践、暑假社会实践等。

（二）完善实践教学各个环节

实践教学各层次模块对应不同的实践教学课程，这些实践课程之间既相互独立、又相互联系。实践教学各个环节课程必须紧跟社会发展的需求，不断调整充实其内容，才能增强实践教学各环节之间的联动性，才能从根本上提高实践教学课程的成效。对于应用型本科高校，应该重视对课内、课外实践教学环节并重的教学优化。

1.课内实践教学环节

（1）实验教学环节

实验课程侧重对学生综合运用知识能力、分析解决问题能力和创新思维的培养。为了提升实验教学的有效性，对于应用型本科高校，尤其是针对理工类专业，在增加实验课程的学时比重时，更注重拓展实验教学的内容。在演示实验、验证性实验的基础上，增加更多的探索性实验课程。同时，为了突破实验教学时间和空间的局限性，在结合实际情况下，可开发虚拟仿真实验教学项目，将真实的案例融入教学中，增强实验课程的交互性、真实性，让学生更好地将抽象的理论知识应用到实际情况中，从而提高学生创新思维和动手能力。

（2）实习实训环节

实习实训课程设置主要是为了让学生将专业学科知识与现实工作情况相结合，并通过相关课程训练，来提升学生的专业能力和创新实践能力。对于应用型本科高校来说，应该集中力量去突破学生实习实训时间短、经费少、形式化的难点，转变传统的"封闭式"教学理念，引入企业或行业专家参与到实习实训课程的设计中，注重课程或教材的实践性、前沿性开发，同时参与制定学生实习实训时间安排，让学生通过学习，从根本上对以后从事的工作和行业有深入了解，从而提升学生适应未来职场的能力。

（3）课程设计环节

课程设计是学生对主干专业课及所学知识的综合应用，是高校实现人才培养目标不可或缺的重要实践教学环节。对于应用型本科高校来说，课程设计的题目应该侧重以问题为导向，结合学生的兴趣进行问题设计，专业指导教师应该全程参与其中，在其成绩的考核方式上也应该注重多元化的构成，不能单独按照课程设计报告及结果去评分，而应该将学生的知识考核、动手能力考核、团队合作能力和职业素质作为考核内容。

（4）毕业设计（论文）环节

毕业设计（论文）阶段是充分检验学生的专业能力、非专业能力、其他拓展能力的一个重要环节。为了提高毕业设计（论文）的质量，对于应用型本科高校来讲，应该结合本专业人才培养目标的定位，设计出更加多元化的撰写形式，让学生获得更多的实际锻炼机会。例如，针对理工类学生可侧重设计形式、项目成果形式、方案规划的形式等。题目选择应该更加侧重与生产项目相结合，并采用校内、校外教师共同指导、考核，从而有效保证毕业设计（论文）的实践性，做到"真题真做"，展现学生真实的能力水平。

2.课外实践教学环节

课外实践教学环节，即第二课堂，是对课内实践教学环节重要的支撑和有效的延伸，已经成为高校人才培养目标的重要环节。其课程设置目的在于让学生由封闭的课内教学走向开放的实际生产劳动中去，通过锻炼，强化学生创新能力和综合运用知识能力，增强学生的就业竞争力。其主要内容分为创新实践环节、社会实践环节两个部分。

（1）创新实践环节

创新实践环节主要包括各类竞赛、创新创业等项目。这些项目是在指导教师的帮助下，由学生自主完成相关项目的方案设计、数据处理和分析、独立撰写相关的实验报告等。通过这种"以赛促学"的教学活动模式，培养学生的竞争意识、团队协作能力，是对学生综合素质全面检验和培养的重要手段。对于应用型本科高校来说，要做好创新实践环节的管理工作，应该充分利用校内、外资源，构建更加科学、合理的长效机制，保证实践教学环节的顺利畅通进行。

（2）社会实践环节

在目前我国就业环境不友好的情况下，社会实践活动显得尤为重要。学生通过参与社会实践教学活动，更加深入地接触社会，让自己的专业知识、沟通技能等能力得到很好的磨炼，对他们日后职业规划和发展的作用非常重要。目前对很多高校而言，社会实践虽然取得了一定的成效，但是还存在社会实践科学化水平不够，如活动内容缺乏创新、流于形式等问题。应用型本科高校应开展更加多元化的实践教学活动，充分调动学生参与社会实践活动的积极性，比如可以利用社会热点问题，通过学生校园评选的方式，推选出学生感兴趣又符合社会需求的社会实践项目。另外，学校应该加强与学生、接收单位等主体的沟通交流，及时了解学生参与活动的现状，并帮助学生解决实践中遇到的问题，从而提高社会实践的有效性。

（三）改革实践教学方法和手段

现代教育学明确指出，教学方法和手段是推动教学内容不断优化，实现高校人才培养目标与效果达成度的关键所在。实践教学又有别于传统的信息性、概念性的理论教学，更注重学生体验性的学习过程。因此，改革实践教学方法和手段，应该从实践教学课程设置的实际出发，将现代化信息技术及资源与传统教学方法相融合，以此提高实践教学的有效性，应该从以下几个方面去着手完善：

1.科学运用现代化的教育手段

现代教育技术的快速发展，使得传统的"教师、课堂和教材"的三中心模式已经不再适应发展，教师角色从"知识的权威和灌输者"转变成站在学生身边的"指导者和引路人"，学生成为教学的主体。为了更好地激发学生自主学习的动力，需要教师突破传统的教学与学习时间的限制，在课堂教学中，可以利用微课、慕课、翻转课堂等现代化的教学手段，让学生在网上学习，包括视频学习、练习和讨论等环节。课前，教师通过在线课程平台了解学生的学习情况，针对共性问题进行备课，并在课堂上通过主题讨论、现场辩论等环节增强学生主动学习意识，进而提升学生的学习效果和效率。

2.探索多元化实践教学方法

在当前全面深化实践教学改革中，要求应用型本科高校的实践教学课程设置、教学内容的安排要对接职业和岗位需求，这就要求高校必须尽快将实践教学方法由单一化向多元化进行转变，将"教、学、做"相统一的理念深入融合到实践教学方法中，针对不同的专业课程，选择合适的实践教学方法。作为应用型的本科高校应该从以下几种教学方法去创新：

（1）情景教学法

情景教学法指的是在教学中，建立一种易于学生接受、坦诚的模拟现实学习氛围，以促进学生的互动和参与。这种教学方法，是利用信息技术、智能技术与实验实践教学课程进行深度融合，让学生在真实的场景中，通过在线操作，学习教学相关内容。通过这种学习方法，增强学生对抽象理论知识的感性认知，从而消除学生理论书本知识与现实实物之间的隔阂。例如，虚拟仿真实验教学项目就属于此种类型。

（2）问题教学法

教师根据教学内容中知识重点或难点，科学地设计问题，通过师生的互动，启发学生敢于和善于提问，让学生将理论知识与实际相联系，解决学生认识上的错误和模糊观点，进而提高学生发现问题、解决问题的能力。

（3）任务驱动教学法

任务驱动教学法是一种建立在建构主义学习理论基础上的教学法，是将实践教学任务或真实项目任务分解给学生，让每一位学生在项目中保持学习状态，并能根据自己对当前问题的理解，运用共有的知识和自己特有的经验提出方案、解决问题。这种教学方法可以帮助学生巩固相关理论知识，同时又提升其解决专业问题的能力。

(4) 理实一体化教学方法

理实一体化教学，即理论实践一体化教学法，是打破理论课、实验（实训）课的界限，将理论教学、实践教学集中安排在实验室或实训车间进行，师生通过互动的方式，边学习、边做，理论和实践交替进行，这样充分调动和激发学生学习兴趣的一种教学方法，进而达到培养和提高学生动手能力和专业能力的目的。

三、健全实践教学管理

实践教学管理体系是整个实践教学体系中最关键的一个环节。在新的环境形势下，实践教学的管理体系不能一成不变，其运行模式应该符合当前时代的发展。对于应用型本科高校，应该将自身的特色和实践教学相结合，从实践教学管理的制度、执行和监督出发，构建一套相对成熟的，便于操作的实践教学管理体系运行模式，为要达到此目标应该从以下几个方面来加强建设，详见图5-4所示：

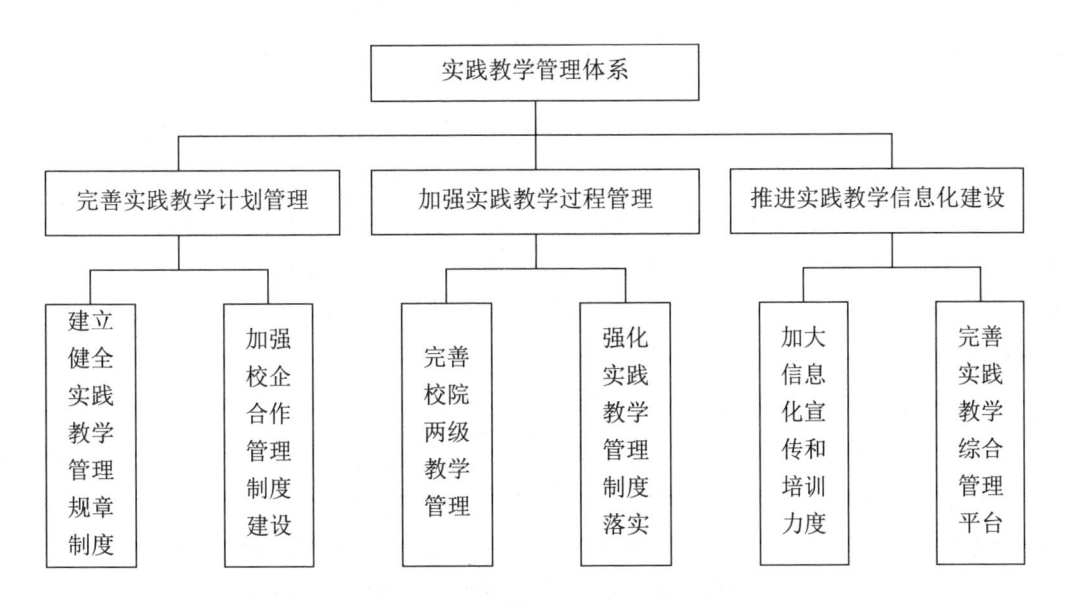

图 5-4 实践教学管理体系框架

（一）完善实践教学计划管理

实践教学计划能否顺利进行，是实践教学管理体系能否顺利运转的关键。高校制定教学计划多侧重理论教学，而忽视实践教学计划。但是近年来国家在不断深化教育教学改革，国家对实践教学的重视程度也在不断加深，高校应该顺应发展，进一步强化对实践教学的重视程度，并根据应用型人才培养方案目标，突出专业特色，制定出更加科学合理的实践教学计划管理模式。

1.建立健全实践教学管理规章制度

对于应用型本科高校，完善规章制度是全面提升教学质量水平的关键所在。学校应该紧紧围绕高等教育发展新变化，根据实践教学质量管理工作中出现的一系列问题，不断修订完善实践教学管理规章制度，涉及教学过程管理、教学监督与评价、实践教学各个环节课程管理等，逐步形成规范的、流程化的实践教学管理制度体系，使实践教学工作的每一个环节都做到有章可循、有据可依。

2.加强校企合作管理制度建设

校企合作是推动实践教学体系高效运行的有效手段。对于应用型本科院校，一是制定校企合作细则，明确校企合作的具体流程，为师生提供更加完善的服务平台。二是应当积极主动地邀请企业技术人员或行业专家共同参与到实践教学相关制度的制定中。同时，还应加强同企业行业的沟通交流，通过座谈、问卷等方式及时了解、掌握学生实习的动态。

（二）加强实践教学过程管理

实践教学管理是将抽象的管理理论和具体的管理实践相互结合，运用在整个实践教学的运行体系中，不拘于理论概念，侧重对实践的应用。针对不同实践教学阶段，其管理内容的重点是不同的，所以实践教学的管理难度是远远大于理论教学管理的。对于应用型本科高校，要提高实践教学的运行效果，就应该从明确责权划分、强化制度落实两个角度去加以改革和创新。

1.完善校院两级教学管理

实践教学管理主体由学校、学院两个层面构成。学校层面负责对实践教学所有教学内容及教学资源进行配置，注重在实践教学过程中的监督和改进，促进教师教学水平和能力的提高。学院层面则负责整个实践教学安排和质量监控，对学院教学行为进行监督和管理。但是目前大多数高校实践教学管理面临各部门员工职责划分不够明确，管理过程不够有序。为此，必须明确实践教学质量监督部门及其责权划分，才能进一步提高校实践教学管理水平。

（1）学校层面权责

由于实践教学所涉及的内容越来越广泛，有些项目是由教务处牵头承办，其他部门协同管理。这样"多头"的管理现象，有时会出现工作分工不清晰、交叉管理混乱、工作推诿的现象发生。所以，对于交叉管理的项目，应该出台相应的制度，明确责任部门、协调部门的工作内容，将工作制度化，避免推诿现象。

（2）学院层面权责

学院是整个实践教学管理决策的践行者，负责完成整个实践教学课内、外实践课程的教学任务，以及组织学生参加各类竞赛等。为了推进实践教学管理有序开展，学院应该根据自身专业特色，制定相应实践教学内容实施细则并严格执行。同时，学院作为实践教学管理主体之一，应该加强与学校教学管理部门的沟通交流，及时反馈质量信息，这样才能确保实践教学过程管理的高效运转。

2.强化实践教学管理制度落实

实践教学管理制度覆盖的内容广而多，包括实践教学管理相关制度，各专业的实践教学计划，课程标准，各类实验、实习实训报告等。由于实践教学日常工作量比较繁杂，学院在相关制度的执行上显得乏力。因此，对于应用型本科高校，必须采取不同的方式和方法，才能持续、有效推进制度的落实。具体应该从以下几个方面去完善：

（1）加大制度宣传教育力度

学院是组织实践教学活动的主体，处于人才培养和实践教学管理的一线地位。一项新制度出台后，学院往往反映出对制度的茫然，产生无从下手的感觉。这就需要学校教学管理部门加强对制度的宣传和推广工作，可通过教学例会、校园网络、教学简报等多种途径定期或者不定期做好实践教学管理制度的宣传，从操作层面对相关制度的范围、对象等内容进行详细解答。这样及时沟通、交流，为进一步高效推进制度落实奠定基础。

（2）利用典型推动制度有效运作

制度的制定部门与执行部门之间缺乏有效的沟通，是导致执行出现偏差的最大的原因。比如同一学校的同一学院下，不同的教研室之前制度的实施过程有可能都是五花八门，差异很大。想要克服这种情况，学校教学管理部门应该深入到学院中，及时了解、追踪各项制度的贯彻落实情况，并在检查过程中发现典型的案例，典型的案例可以起到引领和示范的作用，这样可以推动实践教学管理的规范化运行。

（三）推进实践教学信息化建设

高校的实践教学管理内容多而庞杂，必须借助科学的信息化管理手段，才能更好地构建实践课程服务平台，进而做到对实践教学全过程的跟踪管理，从根本上保证实践教学高效率的管理和高质量的发展。

1.加大信息化宣传和培训力度

实践教学管理的主体是教务处负责实践教学人员和学院实践教学管理人员，应该提高他们的信息化水平，不断强化信息技术与教学管理的深度融合，并不定期地组织实践教学管理人员参加与实践教学相关的信息化交流、研讨和培训，让他们及时转变观念，从思想上提高对实践教学信息化的认识，并运用信息化管理手段，提高工作效率。

2.完善实践教学综合管理平台

高校的实践教学管理是一个庞杂的体系,包括实验室开放、实验实训教学、实习、毕业设计(论文)及各类竞赛等模块。在高等教育快速发展的大背景下,应用型本科高校要加快发展步伐,应该在实践教学综合管理平台下启用一体化或者个性化的实践课程项目模块,这些模块从计划制定、任务下达、过程监控、成绩管理、评价等形成一个完整的流程化的管理模式,实现相关数据的电子化、无纸化存储,使得学校、学院、教师与学生之间达到真正意义上的实践教学信息资源共享,避免了在传统管理模式下的"信息孤岛",这样有助于提高实践教学工作效率,提高管理人员信息化水平,进而提升实践教学质量。

四、完善实践教学条件保障体系

实践教学的条件保障体系为保证实践教学目标、内容、管理各个环节正常运转,全面提高学生的综合素质,逐步提升学校的本科教学质量提供了有力的保障条件。对于应用型本科高校,要做好实践教学的资金筹措、教师队伍建设、创新校企协同新模式,才能保障实践教学每个环节有效实现,有力保障实践教学开展效果。要达到此目标应该从以下几个方面来加强建设,详见图5-5。

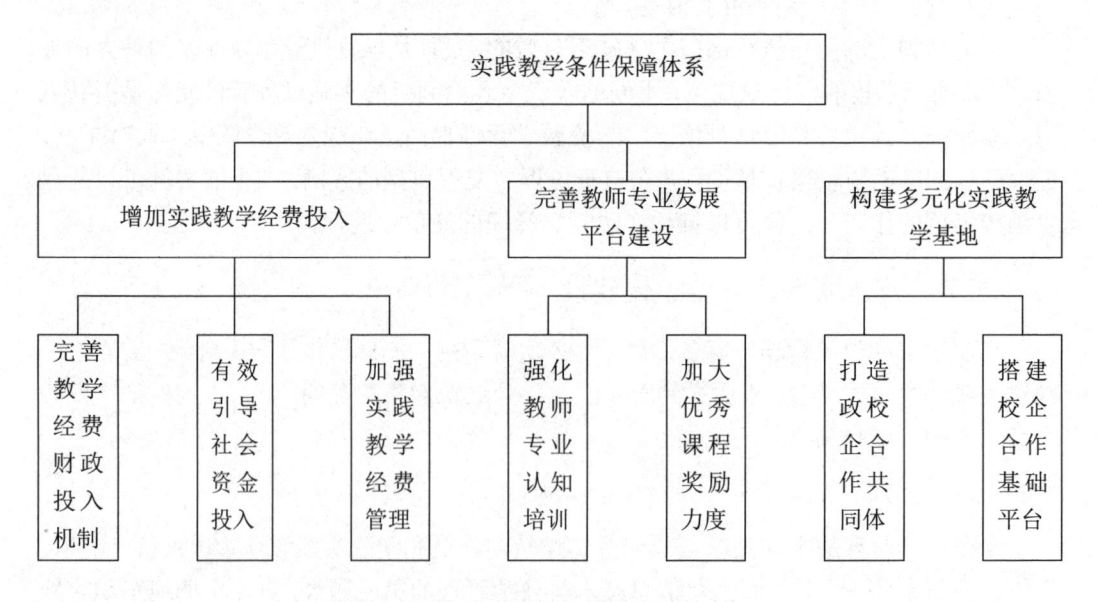

图 5-5 实践教学条件保障体系框架

（一）增加实践教学经费投入

学校实践教学经费投入是保证实践教学各个环节高效、优质发展的前提条件。在国家大力推进区域经济协调发展的历史机遇下，地方政府高度重视本区域的高等教育事业，逐步完善地方高校的经费投入总量。但是，根据实际情况看，高校的实践教学经费投入仍然不足，应该通过以下几个方面去改善：

1.完善教学经费财政投入机制

高校教学经费的多少直接关系实践教学活动的质量。地方高校的可持续发展需要各级政府在诸多方面的支持。一方面，政府应当根据经济社会发展趋势与高校的需求变化，及时为地方高校的发展提供相应的政策支持，使高校的人才培养符合当前社会需求。另一方面，政府部门或其他管理机构在拨款、税收、土地等诸多方面，加强对高校的优惠政策支持，以及为高校、企业间做好枢纽工作，这样有利于引入更多社会资金不断投入到高校教学中。

2.有效引导社会资金投入

我国大多数高校已经形成了多渠道筹措教育经费的格局，这样可以有效缓解单一主体所造成的高校教学经费投入不足的局面。但是地方高校主要还是依靠财政拨款。基于这个现状，地方高校应该在保证生均拨款的基础上，进一步提高学校的整体竞争力，把握财政拨款"扶强、扶优、扶特"的政策导向，争取更多的社会专项教育经费拨款，用于实践教学等环节发展。此外，学校和学院承担实践教学的部门，应该充分发挥自身特色学科优势和服务地方的优势，积极寻求与校外企业或行业的合作，通过与校企共建实验室等方式，大力推进产教研的深度融合。

3.加强实践教学经费管理

学校应该重视对实践教学环节经费的投入，在教学经费整体紧张的情况下，应该统筹安排，逐年从教学经费的分配比例上增加实践教学经费的投入比例，尤其是实习实训环节的投入比例。学校承担实践教学的部门应该根据各专业人才培养方案制定的教学计划安排，加强对实践教学经费的评价与评估，结合不同学科专业的教学发展需求，按需调配相关经费，并定时地投入到各专业的实验、实习实训等实践教学活动中。

（二）完善教师专业发展平台建设

高校要适应现代教育改革，使培养的毕业生与社会人才需求达到平衡，就必须以人才需求为出发点和落脚点，大力推行实践教师专业发展。学校应该帮助教师在实践教育中紧盯发展目标，一步一步地改进和完善实践教师的专业理论素养和实际操作能力，同时加大对实践课程的奖励力度，进而提升高校的实践教学质量。具体应从以下几个方面进行完善：

1. 强化教师专业认知培训

提高实践教师教学专业认知水平是全面提高教师素质不可缺少的重要环节。但是，实际实践教师专业发展平台仍然侧重对教师教学水平和教学能力的培训，而忽视了对实践教师专业认知的培训。为此，学校可以进一步依托省级教师发展中心平台的资源，强化对实践教师专业认知培训。大学教师教学发展中心应当通过多种方式，利用各种教学资源和专业平台，促进全校教师专业学习交流。通过训练来强化教师的专业认知能力，全面提升其从业理想和专业信念水平，促进其专业发展。具体方式包括在全体教师中传播和推广现代教学方法和经验、激发教师从教兴趣和动机等，使教师树立并不断增强专业理想和信念，实现专业认知从自发阶段向自为阶段的过渡。

2. 加大优秀课程奖励力度

高校教师是实践课程资源开发的主体。激发教师的专业成长，才能进一步促进实践教学模式的改革和创新，进而提高实践教学质量。为此，学校可将更多的经费投入到实践课程奖励中，鼓励教师积极利用在线优质资源，推进线上课程、线下课程、线上线下混合式课程、虚拟仿真实验教学项目、社会实践类课程的研发，通过利用线上虚拟与线下实体的"虚实"结合课程模式，实现教学相长，促进教师专业教学持续、有效的发展，也为学生提供充足的、立体化的实践教学资源，极大地弥补传统的实践教学空间和时间等不足的局限。

（三）构建多元化的实践教学基地

高校的实践教学基地一般分为校内实践基地和校外实践基地。有的院校偏向于校内实践基地的建设，有的院校偏向于校外实践基地的建设。对于应用型本科高校来说，要着手解决实践经费不足与提高学生的实践能力这一普遍性的矛盾，就应该充分利用社会资源和专业优势，打通校内、校外实践教学基地的屏障，加强政校企合作，将校内外实践教学资源进行优化整合，形成学校、政府、企业"三赢"的格局。

1. 打造政校企合作共同体

高校应该紧盯国家创新驱动发展战略，瞄准地方经济结构调整与产业转型升级动向，依托学校的特色优势学科，以服务地方经济发展为导向，通过校企合作、政校企联合等方式，使得优质教学资源充分渗透到实践教学的各个环节中，进而提高实践教学的实践性。要有效实现政校企合作，需要从以下两个方面去完善：

（1）创新校企合作办学模式

学校应该加大优势化的发展策略，充分挖掘学校内部优势学科和优势专业的"优势"，促进高校与地方政府、企业的深度融合，形成校企合作下与专业共建办学新模式，这将使传统封闭的实验室直接面向市场，有效打通教育链、人才链与产业链、创新链，为学生提供更加完善的校内外实践教学基地。例如，四川轻化工大学充分发挥特色学科的优势，依托生物工程学院酿酒专业，与五粮液集团共建"五粮液"白酒学院。通过这项深入合作，学校每年吸引1700万元的科研经费和奖教金，用于创新型人才实践能力的培养与科学研究。这样既强化了学生实践能力，又为学生创新、创业和培养社会需求的高级管理人才创造了有利的实践条件。

（2）加强政校企联动机制建设

"政、校、企"联动机制为校企合作办学方式不足开辟了一条新的路径。这种联动机制主体由政府、高校、企业组成。高校处于这种合作模式的核心，通过与企业进行深入融合培养定向高技能应用型人才，解决了高校实践教学经费、设备和场地不足的问题。企业通过产学研方式与高校进行产教互动，以此来满足自身对所需专业技能人才的培养需求。政府部门则是高校、企业联动的枢纽带，通过出台相关的政策，让高校与企业的教学硬件、软件资源进行最大化的深入融合。这种联动机制建设能够激发高校探索培养高技能应用型人才的新路径，增强高校的教育力度，助力地区经济的高质量发展。

2.搭建校企合作基础平台

企业对人才的需求是根据市场对专业要求的变化而变化的，高校要使培养的人才更好地为地方经济社会发展服务，就应该打破传统的"学科壁垒效应"，即改变一个专业对应一个企业的合作模式，搭建起一个专业群与一类对口企业开展合作的平台。此平台中所有实践课程标准、教学设计、项目库、案例素材库等教学资源，都由校企共同负责制定。专业群内所有专业可以根据市场需求进行优化组合，与企业开展实习实训活动，促进实践教学基地的学习途径和教学手段的多元化发展，进而形成校企紧密合作、互相支撑的局面。搭建此平台，需要从以下几个方面着手：

（1）共建共享

在实践教学资源有限的情况下，高校要打开与政府、企业、行业合作交流的屏障，就必须及时面对变化的市场，打造一批与当前行业需求相衔接的优势专业，服务地方区域经济社会的发展，以此培养和提高学生的就业能力。

（2）以群建院

专业集群是由不同的学院、不同的专业交叉组合。为了对群内的所有资源关系进行统筹协调，解决专业群跨院系、跨专业带来的一系列问题，最有效的方式是根据专业群建立特色产业学院。这个学院是建立在专业群之上，通过建立特色产业学院，强化跨学科资源的融合、共享，同时大幅度降低专业建设经费。这种产教融合方式，可以进一步拓展学校的办学空间，增强学校人才培养与行业产业的对接度与针对性。

五、强化实践教学质量评价体系

实践教学在应用型本科高校教学中占有重要的地位,实践教学效果直接反映出学校实践教学质量的高低。为了提高高校实践教学质量,必须科学建立实践教学质量评价体系并有效实施,进而彻底改变目前实践教学考核虚化的现象,从而提升实践教学的有效性。要完善实践教学质量评价体系,应该从监控标准、监控主体及实施、质量反馈等内容去加强建设,详见图5-6。

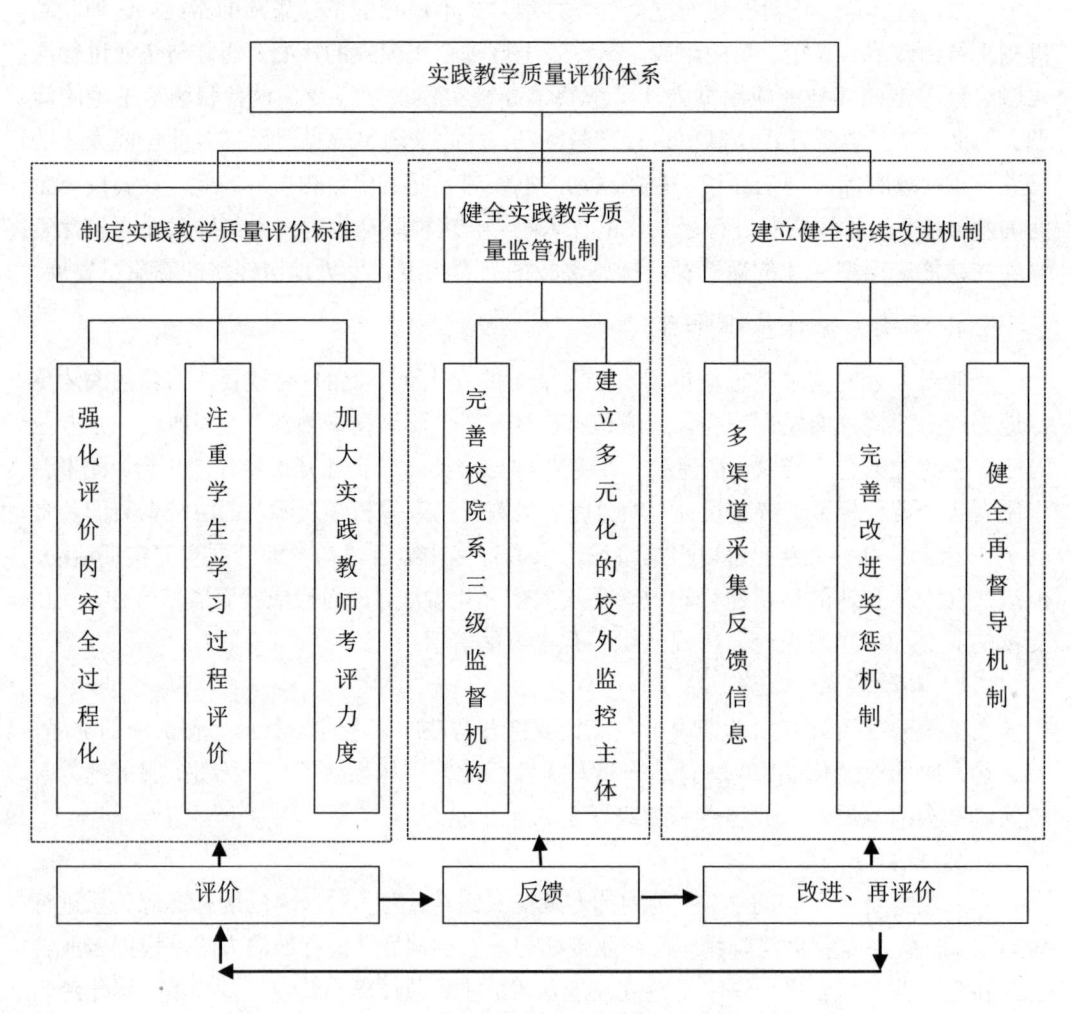

图 5-6 实践教学质量评价体系框架

（一）制定实践教学质量评价标准

实践教学内容覆盖了多个层次和多项课程，包括教师、学生、教学管理者、企业、用人单位、服务、师资水平、基础设施、实习实训环境等。但是目前实践教学质量评价标准还不全面，对于实践教学全过程的质量标准还处于逐步完善的阶段，有些教学环节已经制定了教学质量标准，但其科学性还需要在实践中不断检验。因此，应该从以下几个方面去完善评价标准：

1.强化评价内容全过程化

实践教学内容是随着教学实施主体、评价主体，以及其他教学资源动态发展的。因此，要完善实践教学评价标准，不仅要重视实践教学结果评价，更应该注重对教学全过程评价。这个标准应该在符合学校实践教学目标的基础上，立足于实践教学基本规律，针对实践教学主要环节的组织管理、教学过程、教学效果制定更加科学、合理的评价标准。

2.注重学生学习过程评价

由于应用型本科高校的学科分类广泛，实践教学对专业人才培养目标也不尽相同。因此，对学生的考核评价标准应该有所区别与侧重。在实践教学考核过程中，不能仅仅将完成一份实践报告作为考核结果，而应该以学生成果产出过程作为考核中心，同时关注学生在实验、实习实训、课程设计、毕业设计（论文）、社会实践等方面的学习体验，将学生参与实践教学过程中的多个观测点纳入到考核评价指标中。

3.加大实践教师考评力度

实践教师在指导学生实践教学过程中的态度，直接决定着学生在实践教学过程中收获多少关键因素。所以，实践教学在考核学生的同时，也应加强对实践教师的课堂教学评价。这个评价可以分为课堂现场教学评价和课后总结性评价。学生对教师及时性评价可以通过问卷星的调查类 App 对实践教师课堂给出及时评价，在一门课程结束后，让学生对实践教师进行总结性评价，这样实践教师可以通过学生对实践教学效果反馈，对自己的课程设置和教学水平有比较全面的了解。这样可以一定程度提高实践教师的责任意识。同时，这种互动方式有利于提高学生实践教学积极性。

（二）健全实践教学质量监管机制

实践教学质量监控水平直接影响到实践教学结果的客观性和准确性。要真实地反映实践教学问题，既要考察实践教学目标与社会需求及学校人才培养目标的达成度，也要考察毕业生培养效果的达成度，还要考查学生及用人单位的满意度。因此，实践教学质量监控主体应当包括校内和校外主体，校内主体应该由校院系三级监督机构构成，校外主体应该由教育行政主管部门、企业行业专家、用人单位、毕业生等"多元化"监控主体构成。因此，应该从以下几个方面去强化实践教学质量监控力度：

1.完善校院系三级监督机构

目前很多高校仅侧重于对理论课堂教学的监督，缺乏对实践教学现场、实践教学过程实施等环节的监控。因此，高校应该在校内强化和完善不同层次的实践教学监督机构，明确实践教学质量检查的归口部门，并将具体工作制度化，避免推诿的现象，有利于推进实践教学管理工作的长效运行。同时，加强校内实践教学监督的常态化，进而从根本上提高实践教学质量。

（1）校级监督机构

校级监督，以学校教学管理部门为对象，负责对整个实践教学全过程的管理、监控、指导工作，加强教学督导对实践教学现场评价。教务处应该不定期组织督学专家对校内、外实践教学情况进行监督检查，这样才能将实践教学计划与实践教学质量有效衔接起来。

（2）院级督导机构

院级督导以院系为对象，负责对整个实践教学环节的统筹、规划、管理、质量监控和总结工作。学院应该形成由学院领导、骨干教师组成的教学督导组，定期对校内、外的实习情况、指导教师到位情况、单位提供的实践教学等进行检查。学院督导组经过调研，形成相关实践教学总结意见，及时反馈给教务处。

（3）教研室督导机构

教研室督导是实践教学环节的实施对象，是实践教学"全程式"管理的践行者，主要负责专业实习的组织、过程管理和实习质量的监控。教研室督导应该与企业或单位共同组成，每周对本专业实习学生的实习表现、安全等情况进行检查，并及时协助师生解决实习过程中出现的问题。

2.建立多元化的校外监控主体

要使实践教学质量评价内容更能发挥诊断性，应该加强校外教育行政主管部门、行业企业参与学校实践教学工作的监督与评价。另外，学校应该加强第三方评价工作，如可以请咨询公司对毕业生和用人单位的实践教学情况进行单独的跟踪评价。通过以上方式，让更多社会主体参与到学校实践教学质量监控中，形成一种相互制衡、相互监督的关系。学校可根据这些不同利益相关者的诊断结果，对实践教学相关环节提出整改方案，从而更好地完善实践教学体系模式。

（1）教育行政主管部门监督检查

教育行政部门在高校教学质量评估中，应该做到政府管理、高校办学与第三方评估的有机统一。所以，教育行政主管部门应该从宏观层次加强对学校的人才培养目标、教育质量等方面的监督检查。例如，教育行政主管部门可根据实际工作情况，委派相关管理部门对高校的实习实训基地、教学资源等教学工作，按照相关评审标准进行专项评审，以进一步提高高校对实践教学重要性的认识，进而提高实践教学运行效果。

(2) 校企合作委员会

校企合作委员会是学校牵头由学院与合作企业建成的，或者由学院联合校内专家、校外教育主管部门、行业领域专家、社会咨询评估机构等建立起来的。主要负责对实践教学专业的管理，如对人才培养方案的修订，研讨提出专业人才培养目标与规格、专业能力标准、实践课程设置与调整的指导性意见与建议。另外，合作委员会相关指导教师或领导可以社会对毕业生要求为导向，对学校整个实践教学环节进行考核，做到从计划、实施、结果的全面深入参与。根据考核结果，与高校合作，全面推进产教研融合，使高校人才培养与区域经济发展、行业企业的需求紧密结合。

(3) 第三方评价

学校应该重视对实践教学的第三方评价工作。学校可通过咨询公司对用人单位、毕业生进行定期或不定期的追踪调查，通过用人单位对毕业生满意度调查情况以及毕业生对岗位需求和适应情况，重新审视高校在人才培养中存在的主要问题，这样可以有针对性地优化与调整专业学科设置，并对其教学资源进行相应整合，以此保证高校人才培养的质量，进而提高毕业生就业率。

(三) 建立健全持续改进机制

实践教学质量评价最终目的是"以评促教""以评促改""以评促建"，并通过这种反馈机制对实践教学课程和手段进行持续改进，从而提高学生的综合实践能力。但多数高校实践教学质量评价结果运用力度不够，主要原因是实践教学信息反馈渠道单一，质量评价结果对学院、教师的影响力还不够。因此，要健全持续改进长效机制，应当加强信息反馈、完善相应的激励机制，使实践教学质量评价逐渐形成一个"评价→反馈→改进→再评价"的循环闭合，确保人才培养质量。

1. 多渠道采集反馈信息

遵循"评价→反馈→改进→再评价"流程，就要多渠道地采集反馈信息，以便及时、准确发现实践教学各个环节存在的问题及特点。因此，一方面，高校应当加强日常的教学工作例会、教学督导对实践教学结果进行及时反馈；另一方面，可以利用实践教学信息化管理手段，通过在线问卷调查、实践教学相关 App 评教等，加强对实践教学"全过程"的监督与评价，重点对实践教学实施和结果进行评价反馈。通过这些举措，让教学管理部门、学院、教师，及时发现在实践教学各个环节中存在的突出问题，并有针对性地对实践教学管理、教学内容、教学资源配置等进行改进，从而实现实践教学质量的持续改进。

2.完善改进奖惩机制

要发挥实践教学评价的引导作用,就要将实践教学评价结果作为学院经费资源调配的依据,教学管理部门定期组织专家审查实践教学整改工作,跟踪整改效果。对整改结果实行改进奖惩机制,对实践教学工作中表现突出的学院或个人给予一定的奖励,对在教学和日常管理工作中不积极、不作为的教师和教学管理人员采取相应的约束机制。另外,将评价结果与教师的工资绩效、年度奖励和职称评定挂钩,激励教师重视实践教学的指导与管理,进一步提高实践教学质量。这样逐步形成既有约束又有奖励激励机制,促进实践教学工作的良性发展。

3.健全再督导机制

为了切实保证实践教学质量持续改进,学校应该强化对实践教学重点环节整改"再督导"工作。为此,学校应建立由教务处、评估中心、督导专家组成的"再督导"责任单位。通过将多渠道收集到的反馈信息进行整理,并将结果反馈给各学院,并对学院的实践教学重点整改工作的落实情况进行复查、通报,以此形成"再督导"机制,使反映出的实践教学问题能够得到及时的回应和处理,促进并形成循环改进机制。

第六章 高校教学质量管理探索

第一节 教学质量管理概述

一、教学质量管理的主要内容

第一,管理者应进行宣传教育,做好思想工作,充分发挥全校教职员工的聪明才智,提高他们的质量意识,使人人关心教学质量,个个参与质量监督,认真负责地做好质量管理工作。

第二,管理者应建立和健全教学质量管理体系。校长应负责组织所有与教学质量相关的人员进入教学质量管理系统。每个人都应充分履行自己的岗位职责,每个人都应充分发挥自己的岗位职能,使上下左右信息渠道畅通。

第三,在每学期的开学之前,管理者应根据上一学期的经验教训,采取上下结合的方法,提出新学期的要求或目标,实施相应的计划。

第四,管理者应检查各职能部门、各教研组、各班级的教学实施情况,控制和调节影响教学质量的各种因素。

第五,管理者要充分了解和掌握教学质量的情况,要用数据说话,不能停留在用生动的和突出的事例来说明问题的水平上。

二、教学质量管理的分类

（一）预防性质量管理

预防性质量管理主要指校长、教导主任、教研组长,通过抽样检查,及时了解教师备课、上课、批改、辅导的质量,及时了解学生预习、听课、复习、作业的质量,从中发现经验,及时总结推广,发现问题,及时研究解决。这种管理可以防患于未然,也可以避免在升级或升学考试前再去"亡羊补牢",可以防止和减少教学中的倾向性问题发生。所以，预防性质量管理是稳步提高教学质量的一种可靠保证。

（二）鉴定性质量管理

因为鉴定性质量管理是管理者到了一定阶段后所进行的质量检查和质量分析，所以又叫阶段性质量管理。比如，在新生刚入学后，有的学校进行摸底测验或编班测验，及时了解学生在上一个学段完成学习任务的情况，并及时进行补缺补漏的做法，就属于这种管理；有的学校在每个学年对学生德、智、体等的发展情况进行全面的分析评定，作出升留级的决定，并且总结这方面的经验教训的做法，也属于这种管理；对毕业班学生德、智、体、美等方面的发展情况进行质量检查和质量分析，总结经验教训的做法，也属于这种管理。

（三）实验性质量管理

在教学质量管理过程中，许多做法都要经过科学研究和科学实验，只有被证明是切实可行、行之有效的，才能被逐步推广。这样做，不仅能够让管理者提高自觉性，减少盲目性，学会按照客观规律办事，而且可以防止挫伤师生员工积极性的情况出现。如果管理者见到新方法就直接拿来用，而不经过研究和实验，很有可能会在实施过程中出现各种问题，从而造成资源和时间的浪费。

三、教学质量管理的原则

（一）坚持以教学为主

学校以教学为主是由学校本身的性质、任务决定的。教学是学校的根本任务，就像生产是工厂的根本任务一样，否则学校就不能被称为学校了。学校的这种性质、任务，决定了教学工作是学校工作的中心，是处理矛盾、全面安排工作的出发点和落脚点。当然，坚持以教学为主，并不是一件轻而易举的事情。学校必须端正办学指导思想，提高科学管理水平，改进工作作风和工作方法，才能切实做到这点。

在一所学校内，各班级各学科发展不平衡的状况说明，要切实做到以教学为主，就要使全体学生德、智、体、美诸方面都得到发展，还要提高教师的思想水平、业务水平和教学水平，充分发挥教师的主导作用和学生的学习积极性等。

（二）坚持实事求是

"实事求是"是做好工作必须遵循的一项重要原则，也是学校实行科学管理的一项重要原则。不少学校领导对全面教学质量管理，还不是很熟悉。此时，学校领导就要努力学习、刻苦钻研、认真探索，从而逐步熟悉起来。在这个过程中，新情况、新问题不断出现。学校领导甚至会遇到挫折和失败,这都不足为怪。目前值得重视的一个问题是,在学校管理工作中,不少学校领导存在着"重经验,轻理论"的问题,进而阻碍了科学研究和科学实验的广泛深入开展。解决这个问题,学校领导学习科学理论指导学校管理实践的自觉性就会提高,工作的盲目性就会减少;将理论同实践结合在一起,就能从实际出发,找出周围事物的内部联系。

(三)坚持民主集中制

许多学校师生员工心情舒畅、干劲倍增。这是学校发扬社会主义民主取得的成果。但是,我们不能只要民主,不要集中,只要自由,不要纪律,否则连正常的教学秩序都无法保证,还谈什么教学质量管理。目前,学校领导在实施教学质量管理时应当注意以下几点:

1.全党服从中央的原则

学校领导要坚持个人服从组织,少数服从多数,下级服从上级,全党服从中央的原则。全党服从中央是维护党的集中统一的首要条件,是贯彻执行党的路线、方针、政策的根本保证,也是在政治上、思想上同党中央保持一致的重要条件。

2.坚持领导与群众相结合

学校领导要继承和发扬党的优良传统和作风,与群众同甘共苦,保持最密切的联系,不能脱离群众,凌驾于群众之上。在新的历史时期,新情况、新问题不断出现,不论是决策与计划、组织与实施,还是检查与指导、总结与改进,都要从群众中来,到群众中去。

3.集体领导必须和个人负责相结合

每个学校领导都要明确所负的具体责任,做到"事事有人管,人人有专责",严格执行质量责任制。

(四)坚持思想政治工作优先

学校领导是师生员工的带路人。一所学校能否按照党中央和国务院指引的方向前进,成为社会主义精神文明基地,要看学校领导能否做好思想政治工作,能否对于来自校内外不良影响采取有力措施加以遏制。近些年来在教育质量管理过程中,一些学校出现了重视文化成绩,忽视学生德、智、体、美全面发展的倾向;重视知识传授,忽视学生发展能力的倾向。是否能够及时克服,也要看学校领导能否做好思想政治工作。在教学质量管理工作中,学校领导应该明确思想政治工作的地位和作用;应该明确在新的历史时期加强思想政治工作的重要性;也应该明确,在学校里,思想政治工作不能离开以教学为中心的轨道而孤立地进行。因此,学校领导还要结合业务工作和日常管理活动进行思想教育工作。

第二节 高校教学质量管理体系的构建

一、构建高校教学质量管理体系的必要性

（一）经济发展的必然要求

经过几十年的经济建设尤其是改革开放以来四十余年的发展，我国经济建设取得了很大进展。经济体制的转轨变革、社会主义市场经济体制的确立和经济增长方式的转变，要求高等学校改进原有的质量评估方法，研究与开发适应新型经济体制的高校教学质量管理体系。

从我国高等教育当前的发展形势来看，我国面临着两方面的压力：其一，根据经济发展对紧缺人才的要求，对人才培养作出结构性调整；其二，依据社会发展对未来人才的新要求，提出高等教育的新目标与教育质量的新标准。要确保这种结构性调整的到位以及新目标与新标准的实现，强化教育质量管理，建立适合我国国情的高校教学质量管理体系势在必行。

（二）解决高等教育中学生数量与教育质量矛盾的需要

随着我国高等教育事业突飞猛进发展，高等学校的招生人数、在校生人数和毕业生人数均显著增加。特别是高等院校在20世纪末广泛扩大了招生规模，逐步加快了高等教育大众进程。近些年，虽然在"高校合并"的大背景下，我国高校的数量有所减少，但是扩大招生规模的热潮并没有在高等学校散去。高等学校在校生的数量仍然呈现迅猛增长的态势。但从历史中得出的经验来看，高校教育的质量随着高校学生数量的增长呈现了下降的趋势。所以，为了在我国扩大高等教育规模的同时，使高等教育的质量也能得到充分的保障，从而适应社会发展的客观需要，建立高校教学质量管理体系已经迫在眉睫。

（三）亟待解决高等教育面临的难题的要求

高校招生结构失衡、教育质量下降、失去鲜明的特色、各方面的效益不明显、声望和名誉受到损伤等一系列因高校扩招带来的问题，使高校难以应对，并直接影响了教学

质量。虽然多样性是大众的呼声，但是如何在维持高等教育的基本底线的基础上做好多样性是当前高等教育领域的一个难点。我国高等教育当前面临的难题迫切需要通过建立高校教学质量管理体系来解决，以确保我国高等教育在普及过程中的质量。

二、构建高校教学质量管理体系的原则

（一）动态性原则

动态性原则是构建高校教学质量管理体系的基本要求。高等教育的发展是一个不断变化的动态过程。各高校应从本地区高等教育发展变化的实际出发，根据自身的现实情况，动态地构建高校教学质量管理体系。动态性原则是指构建高校教学质量管理体系必须根据不同的情况，确定和采取不同的措施、策略和方法，使高校教学质量管理体系具有针对性和适应性。

（二）发展性原则

随着社会的变化，高等教育也在不断发展。所以，针对它而构建的高校教学质量管理体系也应该不是一成不变的。有效的高校教学质量管理体系应可以根据环境的变化，针对社会发展变化作出及时调整，从而不断适应高等教育的发展。此外，高校教学质量管理体系还应该吸收国内外先进的技术和经验，及时反映出教学质量管理的新概念、新思想和新方法。只有保持先进性和超前性，才能使教学质量管理体系保持相对稳定性。

三、构建高校教学质量管理体系的途径

（一）建立多元的高校教学质量管理观

高等教育规模的不断扩大使高等教育普及化的进程越来越快。数量的增长只是普及化的表面现象，它带来的更深层次的变化是观念的变化和模式的创新。高等院校在思想观念上主动转变，以积极的心态面对高等教育普及化阶段带来的挑战。高等教育普及化阶段的发展多样化促使高校教学质量管理观和高等教育目标向多元化发展。所以，管理者必须在思想观念上及时转变，将封闭的内向型思维转变为现代开放的国际型思维。为了形成多元化的高校教学质量管理观，管理者应主动进行高等教育的理论与实践研究，从而使多元化的高校教学质量管理观得到确立，避免用一种质量标准去衡量所有的高校活动的质量。

（二）建立完善的高校教学质量管理体系

高校主要通过建立完善的教学质量管理体系来保障教学质量。高校应树立牢固的质量意识，建立教学质量管理体系，充分发挥管理体系的作用。所有外部的评估与监督措施要达到对高等教育质量应有的保障效果，就离不开高校自身的教学质量管理体系。所以，关键是要建立起完善的高校教学质量管理体系。

（三）建立国际高校教学质量管理体系经验吸收观

我国高校必须借鉴国外的成功经验，加强国际交流与合作，建立符合国际标准的高校教学质量管理体系，建立具有我国特色的高校教学质量管理体系。教育部发布的数据显示，我国已建成世界最大规模高等教育体系，在学总人数超过 4430 万人，高等教育毛入学率从 2012 年的 30%，提高至 2021 年的 57.8%，实现了历史性跨越，高等教育进入世界公认的普及化阶段。质量是高等学校生存与发展的关键。所以，高校要重新审视高等教育教学质量问题，重新树立高校教学质量管理观，建立更加完善的教学质量管理体系。学校要想生存和持续地发展下去，普及化高等教育的规模扩大和发展就必须以保证质量为前提。也只有这样，普及化高等教育才有意义。高校应建立一套与现实背景相适应的多元化的综合性高校教学质量管理体系，从各个层次和角度确保人才培养质量，促进高等教育质量的提高，最终实现全面的、可持续的中国高等教育的发展之路。

第三节 高校教学质量管理的创新措施

一、做好标准化工作

（一）制定明确的教学质量标准

教学质量形成的全过程和各个环节都必须有明确的质量标准。否则我们就难以准确衡量和评定教学质量的优劣程度，也难以准确地判定究竟是否全面地贯彻了党的教育方针，是否实现了管理目标。所以要实行教学质量管理，就要研究和制定评定教学质量优劣程度的标准。各科教学质量的标准是以各科教学大纲、教学计划和教科书为依据而制定的。教导主任要按照国家颁发的教学计划排课，要指导教师学习教学大纲，钻研教材。教师要按照教学计划、教学大纲和教科书的要求上课，并且在每个学年、每个学期、每个单元、每一节课的教学过程中和各个环节中去落实。因此，教导主任要协助校长研究并制定教师教学工作各个环节的质量标准。

（二）制定明确的学习质量标准

只有管理者明确了学习的质量标准，才有可能使学生明确每一学年、每一学期、每一单元、每一节课的学习任务和要求，从而主动地完成学习任务，达到学习要求。有些地方、有些学校提出的分年级要求，提供的教学参考资料，就为有关学校和教师制定学生学习质量的标准提供了有利条件。作为分管教学的校长和教导主任，应当充分利用这些条件，研究并制定学生预习、听课复习、做作业等几个环节的标准，而且要严格检查，通过学习质量标准化的工作，调动学生的学习积极性，培养良好的学风。

（三）制定明确的教学质量管理工作标准

教学质量管理的所有工作都要标准化。各项工作都要有一个标准。这样，管理者才能评定其优劣程度。标准应便于执行，便于检查。例如，管理者在制定实验室管理员的工作标准时可以参考以下几点：

第一，仪器、药品、标本、材料、设备等账目清楚，制度健全，随手可查、可取。

第二，要对各种仪器、药品、标本、挂图、材料分类编号，存放要有规律。试剂要有标签，要定点存放配套附件，要保持玻璃仪器清洁干净。

第三，要提前一周为实验课和演示实验做好必要的准备，协助教师上好实验课。

第四，做好保管、维修、安全工作。

标准要如实反映情况，不断修改，不断完善。无论是成功的经验还是失败的教训，都应该加以总结使其标准化。待下次再做同样的工作时，可直接按标准进行，借鉴成功的经验，防止再次失败。这样可使学校的工作条理化、专职化，简化管理工作，达到提高效率的目的。

标准化既是质量管理的结果又是下一循环的起点。所以，全面质量管理从标准化开始，到标准化告终。如此周而复始，螺旋上升，逐步完善，整个学校就会出现欣欣向荣的局面。

二、做好质量情报工作

随着社会的发展，教学质量管理在提高教学质量过程中的作用越来越大。这就促使校长和教导主任必须及时掌握学校内外教学改革信息情报。有条件的学校，还要及时了解校内外、省内外、国内外的教育科学和管理科学研究的新成果和新经验。在科学技术日新月异的今天，如果学校领导孤陋寡闻、闭关自守，那么无论如何也办不好现代化的学校。因此，学校教导处要及时收集教学研究的资料，包括观摩教学的资料、课外活动的资料、学生健康与生活的资料、学生课外阅读的资料、学生兴趣爱好的资料、学校领导听课和抽样检查的资料、教师相互听课的资料、质量分析的资料、教师健康状况和生活状况的资料等。教导主任要特别注意教学方法研究的新成果和新经验，从而开阔眼界，增长见识，取长补短，引导本校教师不断改进教学方法；此外，还要定期收集毕业生就业后的信息，以及他们本人和单位对学校的意见和建议。这也是衡量学校全面贯彻党的教育方针的一个重要方面。

为了使学生身心得到全面的发展，辅导员要及时了解学生在校外的表现情况，并将重要情况及时向教导处汇报。教导主任要亲自研究"三好学生"的发展情况和规律，研究各科"拔尖"学生的发展情况和规律，研究优秀辅导员和优秀教师的发展情况和规律；要充分发挥各种质量信息和教学资料的作用。教导主任要指导教导员，或者亲自整理分类：属于教学资料的，由资料室整理保管；属于学生品德方面的校外信息的，教导处应将之传递给辅导员；查有实据的资料，教导处应妥善保管；教师健康情况和生活状况的资料，在校长、党支部书记、教导主任、总务主任、工会主席传阅后，教导处应将之交给人事部门保管，并主动帮助教师克服困难。

对于教育科学和管理科学研究的新成果，图书资料室要将之及时传递给校长和教导主任。不论何种情报资料，都要有收发和保管的制度。图书资料室不可以将公共财物化为私有；对于遗失的和损坏的，要赔偿、要检讨；要建立严格的规章制度。学校领导要以身作则。这样，有关职员就好办事了。对校内外的各种反馈信息，进行科学分析，去粗取精，去伪存真，并进行由此及彼、由表及里的思考，进行综合、概括，作出正确的判断，以充分发挥质量情报的作用，这都是教导主任义不容辞的责任。

三、做好质量管理教育工作

对管理者来说，质量管理是一项具有挑战性的工作。事实证明，已经实行教学质量管理，并且取得显著成绩的学校，都是边学边干、边干边学的。教学是一门科学，更是一门艺术，它的魅力就在于不断地发展、创新。实现教学创新、提高教学质量的办法只有一个，就是学校要坚持实事求是，从实际出发，将理论与实践结合起来。只有这样，才能少走弯路，加快全面提高教育教学质量的进程。

苏联著名的教育家安东·谢苗诺维奇·马卡连柯曾经指出：教育技巧的必要特征之一，就是要有随机应变的能力。所以每一个教育工作者都不能刻板公式化，要随时根据自己的实际情况，以及工作条件与学生情况的变化，找到适当的手段。实际上，一些经验丰富的校长，在管理过程中对各种教育方法、教育手段、管理方法、管理手段，都善于综合运用、灵活运用，并在运用的过程中有所发现、有所发明、有所创造、有所提高。

如果所有的校长都能这样做，那么教育质量管理水平就会得到大幅度提高，学校的教学质量也必然会得到大幅度提高。

四、做好教学质量督导工作

（一）构建健全的督导体系

1.确定合理的督导模式

我国高校应以促进教学质量的提高为中心，以发现问题为前提，以改革教学环节为途径，重新定位教学督导工作，重构与本科教学合格评估相结合的校二级督导管理机构，在二级学院成立院级督导小组，将教学督导工作重心下移，进一步强化各学院的自我质量监控功能，充分调动二级学院的积极性，发挥各学科专家在各自专业方面的优势，使督导工作更有针对性与实效性。

2.健全教学督导体系

我国高校应进一步明确督导人员的责、权、利，提高教学督导在质量监控体系中的地位和作用，强化其督导功能。教学督导体系的建立和健全，是进行教学质量监督的重要前提。只有充分发挥教学督导体系的作用，才能使质量监控更加公平合理，并且取得良好的监督和控制的效果。

（二）构建督导与服务相"融合"的体系

"导"是教学工作的重点内容，"督"是为了更有效地"导"。以"督"为辅，以"导"为主，"督"和"导"相融合才能使"导"具体到位，使"督"得到延伸和落实。督导人员要通过对教师工作的"督"，了解和掌握其不足之处，帮助他们解决教学中出现的问题，改革教学方法与手段，提高教学技能；督导人员要挖掘教师的潜能，帮助他们总结经验，形成个性化的教学风格。同时，校院两级管理部门要定期组织召开督导工作会议，听取建议，处理信息，解决督导中存在的问题，帮助督导人员提高工作效率与督导水平，以使其更好地服务于教学工作。

（三）加强督导队伍的专业化建设

学校要重视督导人员的整体素质。督导人员要精通教育理论、教育管理与教学实践。建立一支专兼职相结合，专业、年龄结构合理，素质良好的督导队伍是高等教育教学改革与发展的需要，也是高校提高教学质量的必然要求。高校要加强督导队伍的专业化建设，优化督导队伍的专业结构，应要求督导人员具有专业知识、专业技能和职业道德；建立有效的教学督导人员培训机制；明确规定督导人员的职责与职权；引导和鼓励其加强理论与技术研究，提高督导工作水平。总之，高校能否顺利构建及运行教学督导系统的关键在于是否具备一支高素质的督导队伍。

五、做好校长的配备和甄选工作

（一）校长的重要意义

合格人才的培养需要合格的教师，而合格教师的成长和提高，则需要合格的校长为之创造条件，并且给予指导和帮助。自新中国成立以来，正、反两个方面的经验都充分证明了，实行校长负责制可以保证校长全面地、充分地履行校长的职责。而校长负责制在一所学校能否得以全面实行，并且切实对党和政府负责，就要看有没有合适的校长。

20 世纪 50 年代，在我国实行校长负责制的时候，学校风气之好、教育质量之高，有口皆碑。这同校长的素质、水平有密切的关系。当然，在那个时候的校长队伍里，也有不学无术、滥竽充数的人，也有弄虚作假、敷衍塞责的人，所以也有一些教育质量长期上不去的学校。"前事不忘后事之师"，接受过去的经验教训，对今后实行校长负责制是有益处的，对提高校长素质和水平，努力完成党中央提出的伟大而艰巨的任务，是有促进作用的。

当前我国为了适应新形势、完成新任务而实行的校长负责制，与 20 世纪 50 年代和 80 年代的校长负责制相比，既有相同之处，也有不同之处。所以不能简单地将校长负责制当成一种形式，而应当看到其内涵和外延都有了新的发展。过去和现在的校长负责制，都要求校长对党和政府负责，对全校学生、员工负责，对教育质量负责。这些是共同之处。过去，国家在衡量中小学校长负责程度和工作成绩时，主要看校长完成"双重任务"的情况，实际上，在相当长的时间里只看升学率的高低；现在，则要看校长提高基础教育水平的成效，改革教育思想、教育内容、教育方法的成效，改革管理体制、管理思想、管理方法的成效；要看校长能否适应当代科学文化发展的需要，要看校长能否掌握必要的现代教育科学知识，成为懂得教育的、有管理学校专长的专业人员。这些就是不同之处。显然，现在对校长的要求比过去都高了。我们可以预测，随着社会的发展和进步，国家对校长的要求会进一步提高，同时对校长的"格"的要求也必将随之提高。

（二）校长的"格"

1.要有相当的知识

有人认为，学历程度是作为校长最主要的标准。但是在现代社会，大学校长只有学历是不够的。随着教育体制改革和教学改革的不断深入，随着教学要求和水平的不断提高，只有学历的校长就难以适应当前的要求了。这是许多教育发达国家早已证明了的。

由于科学技术日新月异,所以不进行知识更新的校长,都处于不同程度的老化状态。何况,当前也有一些有文凭而无真才实学的校长,还有一些有真才实学而无文凭的校长。因此,国家不应当只看文凭不看水平,而应当对校长进行多方面的综合评价。校长至少应当符合以下三个标准:具有所教学科的专业知识,具有现代教育科学知识,具有现代管理科学知识。

2.要有相当的能力

当校长的只有知识而无相应的运用知识的能力时,是不可能把学校办好的。所以,要做一个合格的校长,至少要具有以下几个方面的能力:

(1) 调查研究的能力

有些校长在名义上是学校的指挥员,但实际上是学校的事务员或者校长室的秘书,并没有发挥校长的计划、组织、指挥、监督和协调的作用。原因之一是其缺乏调查研究的能力。目前有些学校,不能全面落实党的教育方针和知识分子政策,对教育部门的指示不能全面贯彻到底,长期不能提高教学质量,这都与校长有密切的关系。所以,校长应当自觉提高调查研究的能力,特别要提高对教学过程和教学管理过程进行调查研究的能力。

(2) 调动教师积极性的能力

这是校长的一项基本功,也是办好学校的一个重要条件。调动教师积极性的主要方法有以下三种:一是进行思想政治教育,主要内容包括形势教育和爱国主义教育;二是进行精神鼓励和物质奖励,主要包括表扬好人好事,设法增加教师收入;三是全面落实党的知识分子政策,切实做到在政治上一视同仁,在工作上放手信任,在生活上关心照顾。

实践证明,第三种办法效果最好,不仅能消除教师的后顾之忧,使教师把主要精力都放在教学质量上,而且能激励教师为开创学校工作的新局面而充分发挥自己的聪明才智,为学生的身心健康发展而呕心沥血。

(3) 组织和指挥的能力

组织和指挥的能力对校长来说也是一项重要的基本功。对于一项计划,要使计划切实可行,真正成为全校师生员工未来行动的方案,成为学校各项管理工作的基础,从而保证学生的品德、智力、体质、审美都在原有的基础上不断提高,这就需要校长有相当的指挥能力。以执行计划来说,有组织和指挥能力的校长在安排每一个员工的工作时都会注意扬长避短使他们各得其所、各尽所能,使其工作关系和人际关系都能协调发展。这就能使教师心情舒畅,鼓足干劲,力争上游。有了这样的校长,师生员工就有了主心骨,就能使十分繁杂的学校工作有条不紊地进行。我国有不少德高望重的老校长都有这种指挥若定的能力。这种指挥若定的能力都是校长在工作中有意识地锻炼与培养出来的。所以,中青年校长缺乏经验是暂时的,要在工作中有意识地锻炼,虚心向这些有经验的老校长学习，提高组织能力和指挥能力。

3.要有相当的修养

一个真正有威信的校长，对于校风建设有着十分重要的意义。

一方面，一个真正有威信的校长的倡议由于得到信任而能迅速地变成群众的实际行动。反之，没有威信的校长单凭行政命令是做不到这一点的。

另一方面，学校里每天发生着一些社会性的问题，一些人与人的矛盾和冲突。有些问题虽与教育工作无直接关系，却与教育对象或教育者有关。此时，有威信的校长只要几句话，只要能坚定地表明一下态度，就能平息一场风波，从而使当事者有所警悟。一个有威信的校长在作出决定之后，能得到群众的支持，产生舆论的力量；在经历失败之后，也容易取得群众的谅解，发挥有效的管理作用。

一个校长的威信高低的最重要的决定因素，还是校长自身的道德修养。道德品质的高尚低劣，对于校长树立威信起着直接的、决定性的作用。

（1）要有为人师表的修养

校长要有高尚的道德品质，崇高的精神境界，能为人师表。这种道德品质和精神境界是共产主义世界观的一种反映，不是一朝一夕能够形成的。所以，校长要自觉地通过社会观察和实践，通过自己的业务实践，通过学习理论思想来提升这方面的修养。许多老校长之所以能成为师生员工敬佩的人物、学习的榜样，同这方面的修养有很大的关系。

（2）要有以身作则的修养

小到作息时间、生活细节，凡是要求师生员工遵守的，校长要带头遵守；凡是要求师生员工执行的，校长应该带头执行，这就叫以身作则。校长如果能做到在福利面前不向上伸手，不向下示意，不徇私舞弊，不争先恐后；在处理人、财、物时不拉关系，不开后门，不逢迎上级，也就做到了以身作则。缺乏实践经验和管理学校专长的校长应该清醒地意识到，权力在手不等于真理在手，校长虽然是学校的最高领导者，但并不代表校长的所有能力都达到了本校的最高水平；师生员工对校长的评价依据不是校长的宣言，而是校长的行动。所以，校长要真正成为师生员工可信赖的人，就要有以身作则的修养。

（3）要有破旧创新的修养

随着管理体制改革的深入，教育改革也势在必行。可是，有些校长受传统观念的束缚，看不到学校存在课程内容陈旧、教学方法死板、实践环节不被重视的情况，以及学校的教学内容不能满足经济和社会发展的需要、落后于当代科学文化的发展这些问题。提升破旧创新的修养就成为校长的当务之急。提升这方面修养的根本在于校长应有多出人才、快出人才的责任感和紧迫感。如果有这样的责任感和紧迫感，校长就可以通过实践积累经验；如果没有这种责任感和紧迫感，校长就不能发挥应有的作用。

（4）要有平等待人的修养

校长应具有依靠教师办好学校的思想，在工作上与教师互相帮助、互相监督、互相批评、互相促进。校长既是教师的领导，又是教师的同志，也是教师的知心朋友。这样的校长，大都懂得教师心理和工作特点，尊重教师人格，尊重教师劳动，努力为教师创造提高教学质量的条件，而且在他们的职责范围内绝不允许任何人破坏党的知识分子政策，也不允许任何人干那种伤害教师自尊心的傻事、蠢事。"人之相知，贵在知心"，校长懂得教师的心理是充分发挥教师聪明才智的一个重要条件。有了这个条件，才能使教师鼓足干劲、力争上游。

（5）要有科学管理的修养

一切学校工作都应适应培养时代需要的人才的要求。而靠经验管理或行政管理，都不能适应这个要求。现在的校长要想有科学管理的本领，就要有科学管理的修养，要精通生产的一切条件，要懂得现代高水平的生产技术，要有一定的科学修养。科学修养是校长无论如何都应当具备的修养。现代社会的教学质量管理，比过去任何时候都艰巨复杂。所以，新校长、老校长都需要提升科学管理的修养，在现代管理科学的指导下进行管理，在管理的实践中加深对现代管理科学的理解，并熟练运用。这是当前校长提升这方面修养的主要途径。

（三）校长队伍的建设

1.改革学校干部制度

我国应改革学校干部单一的任命制为任命、选举、招聘等多样化的制度，以适应时代发展的需要。

根据国务院对企业领导干部实行国家统一考试的决定，根据许多国家对校长实行考试制度的经验，根据我国进行教育体制改革和教学改革的需求可知，通过国家考试来选贤纳士是保证校长质量的一项重要措施。校长候选人必须通过国家统一考试，并取得考试合格证书，才能参加选举或招聘，接受任命。而且上任之前要同教育行政部门和本校教职工签订逐年提高教学质量的合同，并且在教育行政部门的领导下，在师生员工的监督下，履行义务和职责。

2.大力加强干部轮训工作

校长应让所有在编的工作人员都分期分批参加轮训。轮训以后，根据工作需要和实际考核，校长可以对他们的工作作出相应的调整。轮训干部是提高干部素质的一项重要措施。全体干部都要充分认识到现代化建设的需要，积极参加学习。

3.做好老干部的工作

校长应当创造条件，既能使年事已高的老干部从第一线工作的繁重负担中解脱出来,又能使他们的丰富经验在传帮带中继续发挥作用,使大批德才兼备、年富力强的中年干部,能够及时得到更多的实际有效的锻炼。新老干部的合作和交替问题,是关系社会主义事业的大事,我们应该以高度的革命事业心来完成这个历史任务。

六、做好一支合格师资队伍的建设工作

教师是办好学校的主要依靠力量。建设一支有足够数量的、合格而稳定的师资队伍是提高教育质量的根本大计。建设一支具有竞争力的高素质师资队伍是保障高校教学质量的关键所在。因此,高校管理者必须全面提升师资队伍素质。此外,教学质量的提高与高校教学工作相关的所有人员都有着密切的联系,尤其是与教学管理队伍人员素质紧密相关。

师资队伍是一所大学的灵魂,决定了学校的教学质量、科研活动质量、人才培养质量和社会服务质量,是一所大学的生命所在。提高教学质量和办学效果的根本在于抓好教师队伍的建设,因为教学质量提升和师资队伍的建设之间存在着密不可分的关系。

(一)处理好教师观念与教学质量之间的关系

教师的教学行为对教学质量有重要影响,教育理念又是决定教学行为的重要因素。所以,管理者应首先引导教师改变教学观念、抓好教学质量。解决好"教师观"和"学生观"这两个方面的问题,是转变教学观念的关键。

重新定位教师功能和角色是转变教师观的重要方式。教师的教学目标究竟是对知识进行讲解和传授,还是通过对学生的学习进行引导和促进,使学生的思维品质得到提升,是管理者必须深入思考的问题,更是原则上的问题。

在传统的教学观念中,教师最重要的任务就是向学生传授知识,但学生在学习的过程中形成了思维上的依赖感,往往会直接获取教师提供的知识,自己几乎不思考,久而久之成了知识灌输的容器,而教师就成了知识的搬运工和讲解员。事实上,教师的角色是一个引领者,他们在学生的学习过程中起到引导、促进和帮助的作用。使学生学会学习、学会思考才是教师的教学目的。

当前的学生观主要强调的是在教学实践中尊重学生学习的个体差异,为学生学习能力的提高,找到科学合理的方式方法,并遵循学生的学习规律。教师只有转变之前不科学的学生观,才能真正确立学生学习的主体地位。

此外,教师的观念转变,一方面需要相关的理论指导,另一方面需要教师不断地在自己的教学过程中进行反思,从而达到提高认识和转变观念的目的。

（二）处理好课堂教学与教学质量的关系

教学质量管理工作必须深入教学第一线，否则教学质量管理工作就难以收到实效，管理者也难以和教师有深入的切磋和交流，难以进行切实有效的教学指导，或者只是凭借考试结果进行评价，因而难以保证教学的质量和效果。诚然，考试结果虽然十分重要，但更重要的是过程。管理者应组织教师不断研究和解决教学过程中出现的问题。

同时，管理者要针对一些对教师教学行为带来干扰的、似是而非的模糊认识，引导教师结合自己的教学实践冷静地思考。

（三）处理好教学方法与教学质量的关系

教学方法对教学质量有影响是毫无疑问的。良好的教学方法有利于学生在更短的时间内掌握知识的真谛，在相同的时间内掌握更多的知识或更深刻地理解所学的知识。相反，如果使用的教学方法不恰当，尽管教师十分努力，学生也付出了很多的精力，学生也无法有效地掌握所学知识，因而无法保障教学的质量。可见，探究教学方法在提高教学质量中十分重要。因此，管理者要积极鼓励和帮助教师设计出个性化的教学方法。总之，教学方法和教学成效之间存在着某种密切的联系。这就要求教师注重积累经验，注重分析这种相关性，注重确立检验成效的标准、内容和方法，通过考查学生自学能力，优化学生思维品质，切实保障学校工作的整体推进。

七、做好稳定管理结构的工作

能量的大小代表着办事能力及其作用的大小。能量分级就是按照能力大小，把人组织到相应的能级中去，使每个人都能发挥特长、做好工作。有的人能指挥千军万马，有条不紊；有的人只能组织几十个学生；有的人连几十个学生也组织不好。这是因为他们的组织能力有强有弱。有人讲话内容充实，中心明确，条理清楚，引人入胜，不论上课、谈心、作报告都深受欢迎；有的人写文章晦涩难懂，作报告东拉西扯，语无伦次，而且尽是老生常谈，人们就不欢迎。这就反映了人的思维能力、表达能力有强有弱。作为高校领导干部，其能力的强弱主要表现在贯彻党的教育方针、完成双重任务的过程和结果上。能力强的领导干部，在同类型的学校中，取得的办学成绩就比较好；能力弱的干部，在同类型的学校中，取得的办学成绩就比较差。但是在集体劳动中，能力大小及其作用和结果如何，与组织是否合理有密切关系。一个总能量低而组织合理的集体，比总能量高而组织混乱的集体办事效率高、办学质量好。在任何一个单位和学校中，管理能级都是不以人们的意志为转移而客观存在的。现代管理的任务就是要建立合理的能级，使管理的内容处于相应的能级中。在运用能级原理时，要注意以下几点：

（一）必须按层次建立稳定的组织结构

现代管理不是随便分级的，各级也不是可以随意组合的。稳定的管理结构应当是正立的三角形。倒三角形、菱形之类的结构是不稳定的。从表面看，梯形是稳定的，但它实际上可以分解成许多三角形，其中必然有倒三角形，此结构必然是不稳定的。因此，只有按层次建立稳定的组织结构，才能将管理能级的作用发挥出来。

（二）不同能级应有不同的职权

校长的职权大于教导主任，他的政治思想水平、教学水平和管理水平，就应当高于教导主任。教导主任相对于教师，也应是如此。如果学校出现了校长水平不如教导主任，教导主任不如教师的现象，就要研究改进，以免因此给党的教育事业造成损失。校长、教导主任和一般职员管理范围不同，工作内容不同，责任不同，权力大小和贡献大小也不同，因而其所应得到的精神奖励和物质奖励也不应相同。这是学校体制改革应当考虑的一个因素。有效的管理不是拉平或消灭权力，也不是不要精神鼓励和物质奖励，而是根据不同的能级及其贡献，给予相应适当的职权，给予适当的精神鼓励和物质奖励。

（三）做到人尽其才

各种管理岗位有不同的能级，人也有不同的才能。现代科学管理应当使具有相应德才的人处于相应的能级岗位。指挥人才应具有高瞻远瞩的战略目光，出众的组织才能，能识人用人，多谋善断，能坚持党的基本路线，有强烈的革命事业心和政治责任感。反馈人才应该思维敏捷，见多识广，接受新鲜事物快，综合分析能力强，能如实反映情况。监督人才应该公道正派，铁面无私，直言不讳，能够坚持真理，没有权力欲望，熟悉业务，能够联系群众。执行人员要热爱教育事业，任劳任怨，埋头苦干。实行教学质量管理的学校校长的一个极为重要的任务，就是知人善任，做到人尽其才。要想真正做到这一步，就要具备相当的思想理论水平，就要有一定的人才学知识和现代科学管理知识。这是按照能级原理组成稳定的管理结构不可缺少的条件。

第七章　大数据时代高校教育教学管理探索

第一节　高校大数据教育教学管理的特点

传统高校教育教学管理存在人文不足、形式单一、反馈不足等诸多弊端，这与教育管理现代化的发展要求相悖。高校大数据教育管理则可成功破解以上难题，通过发挥及时性、互动性、差异性、科学性、权变性等特点和优势，彰显数据管理的魅力。

一、高校大数据教育教学管理的科学性

传统高校教育教学管理决策模式大致有四种：依靠决策者的理性认知决策的"官僚主义模式"，通过"合意"过程来平衡大学内部多方群体利益的"学院型"模式，通过"扩散"程序表达不同利益群体的"政治型"模式，决策程序无章可循、随意性大的"有组织的无政府型"模式。这四种模式的共同弱点就是决策者的"有限理性"，缺乏科学性。大数据的核心是预测规律，高校大数据克服了传统小数据的局限性和不能反映整体的弊端，通过全面的考量，从而洞察隐藏在师生复杂、混乱数据背后的行为规律，从而提高教育管理的科学性。马克·吐温说过："历史不会重演，却自有其韵律。"预测人类的行为是一个经久不衰的梦想，科学家为之努力了上千年，大数据使这个梦想变为现实。人类行为93%是可以预测的，人类的行为也是有规律的，人类的大部分行为都受制于规律、模型以及原理法则，而且它们的可重现性和可预测性与自然科学不相上下。人类跟悬浮在水中的花粉微粒其实没有什么不同。受到某种跟左右花粉运动一样神秘的原因的驱动，人类大部分时间也在运动不止。不同的是，人类不是受到微小而不可见的原子撞击，而是被转化为一系列任务、责任以及动机的不可见的神经元的颤动所驱使。在教育决策方面，利用大数据技术能增强高校教育教学管理的科学性。高校教师的科研数据、教学数据、评奖评优数据、参加各类大赛数据及其生活、作息、交友、娱乐等数据，它们之间及它们与学校的管理机制、制度及投入等都有着诸多关联，这些数据背后都隐

藏着规律。比如可以通过对科研成绩斐然的教师的作息和科研之间的关系、兴趣爱好与科研之间的关系、教学成效与科研的关系等诸多维度进行数据关联分析，建立数据模型，寻找其中规律，为科学决策提供依据，从而更好地制定学校科研政策、教学管理制度及评价制度。同时，高校教育教学管理大数据对于学生的学习与需求、舆情监控及科学决策有着重要意义。学生的学习成绩、能力素质、上网习惯、图书借鉴、就餐情况等之间存在某种关联，通过数据分析，寻找这种关联和规律，可以增强教育管理的科学性，从而收到"事半功倍"的效果。

二、高校大数据教育教学管理的及时性

莎士比亚说过："一切过去，皆为序曲。"大数据以运算的形式来诠释此道理。"智慧校园"的前提是教育管理信息化，大数据技术是高校教育教学管理智慧之道的依凭。"事后诸葛"空遗憾，而"兵贵神速"要求抢抓先机。高校教育教学管理大数据是即时的、当下的，具有预警性，这为教育管理者抓住关键时期开展工作提供了技术保障。在网络深度覆盖的校园里，师生活动处处有数据、有信息，合成空前的数字海洋，其中的信息暂不考虑其现象是否与本质完全吻合，但是一些异常的信息和规律性的信息总是会在海量数据中涌现出来。对异常的信息，通过相应数据技术设立容忍度和临界点，使之达到界限后启动报警系统，最终起到防患于未然的作用。学生的交际问题、学业问题、就业问题、感情问题及经济问题等，都必然会通过网络时代的各种媒介得到展示与宣泄，而高校利用大数据技术，可以做到因势利导、超前谋划，及时预防和处理危机事件，避免或减少相关损害。设想一下，如果南京某高校建立了基于大数据平台的师生行为预警机制，那么教师违反师德的行为就应早发现、早处理，学校贴吧及校长邮箱等都早有相关诉求的表达，学生的QQ、微博也早有消极无望情感的表达，那么硕士生因与导师关系紧张而选择自杀身亡的悲剧也许就可以避免了。这也说明了高校建立基于大数据的预警机制显得尤为重要。

三、高校大数据教育教学管理的差异性

高校大数据教育管理的及时性、科学性是从宏观来讲的，而高校大数据教育管理的个性化，则是从微观来讲的。因材施教、个性化管理和多样化人才培养一直是教育的理想，高校教育教学管理对象具有差异性。正如马克思所说："我的对象只能是我的一种本质力量的确证，也就是说，它只能像我的本质力量作为一种主体能力自为地存在着那样对我存在，因为任何一个对象对我的意义，都以我的感觉所及的程度为限。"理性与道德只有在自我确认中才能成为一种"为我"的存在，从而在肯定人的生命的前提下，

促进人的全面发展。尊重大学生的个性特点、兴趣爱好、能力差异、家庭背景差异等，是高校教育教学管理者做好教育教学管理和服务工作的前提。尊重是爱、尊重是方法、尊重是境界。局限于技术及精力，在小数据的时代，高校教育教学管理者要做到察微知著是比较困难的，但是在大数据时代，这一切都显得更加容易。大数据教育教学资源可以为学生量身定做适合个性特征的培养方案和课程清单，让学生突破时空限制，享受高质量的教育教学资源。大数据时代个性学习不仅对于个体有着显微镜的作用，同时也可以预测学生群体活动的轨迹和规律，为高校教师改进教学提供有效反馈。因此，大数据技术可以说是高校精准教育、精准帮扶的重要保障。

四、高校大数据教育教学管理的互动性

基于大数据的高校教育教学管理克服传统教育教学管理中的单向度，实现师生的互动，从而产生互动效应。互动效应在心理学上指两个或两个以上的个体通过相互作用而彼此影响从而联合起来产生增力的现象，亦可称之为耦合效应，又叫联动效应。一般来讲，赋予积极的感情行动，将会收获积极的感情反应。高校单向传授和灌输式的传统教育教学方式，由于缺乏感情的耦合联动，导致教育教学缺乏实效性。在大数据教学平台上，高校教师与学生可以即时互动、答惑解疑、传道授业，对于学生做题的速度、学习的进度，教师都可以实时监控，作出处理，其他学习者也可以作出解释和指导。在这样的互动学习氛围中，信任、支持、谨慎、勤奋及求精等情感信息得以释放，从而在整个群体中产生积极互动效应。对于思想政治教育工作来讲也是如此。针对教育命题，鼓励大学生积极参与，充分发挥其主人翁精神，为问题的解决、为学校正能量的传播贡献计策；在学校社交平台或学习平台上，针对就业困惑、心理困惑及学习困惑等，充分发挥朋辈效应的作用，使学生自我教育、自我发展，从而实现教育的"润物无声"。

五、高校大数据教育教学管理的整合性

高校大数据的整合包括高校内部和高校外部资源的整合。只有整合资源，才能使资源的利用价值最大化。高校通过大数据技术可以很好地实现资源整合。初级层次的资源整合是介于学校内部各部门、各单位之间的数据资源整合。通过大数据平台的建设，可以打破部门数据分割，实现数据共享，促进数据公开和流通。高校之间及区域之间的大数据平台建立是资源整合的高级层次，这对于促进整个地区乃至国家的教育发展、资源节约具有重要的战略意义。在发达国家，利用大数据技术进行资源整合的步伐已走在前面。2012年以来，美国的顶尖大学陆续设立网络学习平台。目前，世界上主要的慕课平台有：课程时代（Coursera）、在线大学（Udacity）和哈佛大学与麻省理工学院共建的

在线课程项目（edX）等。这些慕课平台的建立，不仅提高了这些高校的全球知名度和社会美誉度，而且对传播优质教育资源、促进人类教育发展都有着举足轻重的作用。美国科罗拉多州教育部通过开发全州纵向数据系统（SLDS），旨在将全州178个学区和28所公立高校的学生数据与福利、收入和劳动力等数据进行整合，从而用于进行州际学生表现的比较、各学段学业成绩关联及就业与学业关联等分析。这对于我国具有重要的启发和借鉴意义，我国高校目前也在资源整合方面取得了一定的成绩，诸如清华大学、北京大学、上海交通大学及复旦大学等高校已建立面向社会开放的大规模课程平台，"中国大学MOOC（慕课）"受益面不断扩大。

六、高校大数据教育教学管理的权变性

没有绝对最好的东西，一切随条件而定。权变管理的核心思想就是"以变制变"。管理没有定法，管理只能根据外部环境和内部要素的变化而采取不同的方法策略。对学生教育教学管理没有一劳永逸的万全之策，也没有放之四海而皆准的适用公理，更无适应一切学生的万能公式。学生的学习数据、教师的教学数据、管理人员的行为数据、监控里的安全数据等，都是动态的、实时的，形成一股股信息流，一切都是不断向前流动的过程，故而"变"是高校教育教学管理永恒的主题。这就要求高校教育教学管理人员要及时掌握管理对象、管理内外部环境的变化情况，研究各种变化的趋势和规律，并研究各种变化之间可能的相互作用及后果，从而提前采取科学、适宜的有效方式来应对。大数据技术为高校教育教学管理者及时获得管理对象各种信息提供了技术保障，大数据的海量、快速、动态和便捷性有利于高校教育教学管理权变性的实现。

第二节　大数据时代高校教育教学管理的路径探索

真正莫测高深的不是世界变成彻头彻尾的技术世界，更为可怕的是人们对这场世界变化毫无准备，我们还没有能力沉思，去实事求是地辨析在这个时代中真正到来的是什么。当前的时代正处于"云、网、端"的时代，2016年初，蓝色巨人IBM顺势而为推出"认知计算"，将其作为下一代科技创新战略，从而接替"智慧地球"。网络3.0、"物联"的今天，"云脑"的明天，由人、物、环境组成的"原子世界"将被由软件、数据、算法组成的"比特世界"所代替。在比特的世界，软件、数据、算法是智慧之树

的三朵奇葩,数据是智慧产生的土壤,数据是智慧革命的核心。高校教育教学管理成为比特世界一个小小的关节点,也是至关重要的关节点。高校教育教学管理的发展经历了三个阶段:古代的经验管理、近代的科学管理(样本教育教学管理)和现代教育教学管理。现代高校教育教学管理又有三种境界:信息化教育教学管理、大数据教育教学管理和智慧化教育教学管理(生态化教育教学管理或文化教育教学管理)。以生态化、智慧化、人文性为特征的文化教育教学管理是高校教育教学管理的最高境界,在高校数据"生态圈"中,各类教育教学管理是"融通、共享、互激"的存在关系。当前,我国高校正处于信息化教育教学管理向大数据教育教学管理转变阶段,在高校大数据教育教学管理新范式建立过程中,体制机制是关键。IT所带来的变化是关于组织政策、所提供服务类型、财政预算与支出、内部工作流动与工作行为、IT应用成果等方面的转变。因此,有必要充分借鉴国外高校大数据教育教学管理经验,深入思考促进我国高校大数据教育教学管理发展的关键问题,并提出具有科学性、可行性和可操作性的对策。

一、树立大数据教育教学管理发展理念

大数据时代,最需要的不是大数据,也不是大数据技术,而是大数据思维、大数据理念。大数据发展必须是数据、技术、思维三大要素的联动,高校教育教学管理大数据的发展,取决于大数据资源的扩展、大数据技术的应用和大数据思维与理念的形成。因此,树立数据开放、数据共享、数据跨界、数据合作的理念是我国高校大数据教育教学管理健康发展的前提。

(一)树立分享理念

高校IT是大数据教育教学管理的基本设施和保障,其使命和承担的重要角色有两个:一是连接作用,"连接"师生、人与资源、师生与学校;二是支撑作用,支撑"教"和"学",使之富有效率和创新。国外发达国家高校大数据教育教学管理发展较早,数据治理理念比较先进,其突出IT技术与人的融合,这对我国高校大数据教育教学管理发展有着重要的借鉴意义。例如,马里兰大学将"推动创新"作为学校IT的价值追求;"让师生更强大"是印第安纳大学IT的发展目标;"使师生的学术更加卓越"是哈佛大学IT的发展愿景。美国艾伯林基督大学(ACU)提出了21世纪的教育理念,从多个角度区分21世纪的教育与20世纪的教育的区别。ACU秉承"合作学习是最有效的学习"的理念,以移动技术为载体,努力创建"一个时刻连接着学习体验"的融合学习社区。ACU通过移动设备将教师、学生联结在一起,成为一个学习共同体:课堂上,教师在移动设备和其他应用程序的辅助下,创设参与性的学习环境;在课堂外,学生利用移动设备实现移动学习,打破课堂限制;在社交、管理等方面,移动设备都已广泛运用

在 ACU。借鉴之，我国高校大数据教育教学管理的发展理念要强调"连通与分享、人技相融、应用体验"的特点，要体现中国特色，彰显学校个性。高校要打破部门、学校、行业、地域、国域等界限，建立协同机制与分享机制，从最大程度上践行大数据的开放与分享理念，实现教育资源和数据资源的共建、共享与共融，从而实现高校课堂教学结构的根本变革，实现教育教学管理水平和教育教学管理效益的显著提升。

（二）坚持"以用户为中心"导向

我国高校管理层要树立"用户中心"的管理导向，以学校战略发展目标为指导，以业务流畅性为准绳，融合软件、硬件、服务，面向用户提供简单易用、明确统一的集成化服务，以大数据技术和信息推动学校管理模式、教育教学模式的变革。高校在 IT 规划管理应用方面，要突出人与人、人与资源的高度融合，开发一个统一的、无处不在的平台，可以简化管理任务，使其更容易被学生接受。该平台是学校业务和"注册办公室"的扩展，并将成为高校的门户网站，为学生提供持续易用的账户、课程表、登记材料、成绩和基本校园信息访问。它是传播紧急信息状态的自动短信和语音广播；是集成校园、地方警察和医务人员的客户端；是"商务办公"的扩展，能够实现账单支付、购票、买书、购物及财政账户管理的无线交易；是"注册办公室"的扩展，有利于课程招生、学习过程的互动和动态的成绩访问；是与校友和家庭保持联系的工具；是集培训和教师/员工访问的统一平台；是传播校园信息的统一平台。高校要加强基础设施建设，寻找一种灵活的、可扩展的方式去替代老化的电信网络设备，同时寻找对老化设备改进的策略，如简化支持，满足学生和教师的需求，帮助学校创收等。融合设备，如手机或平板电脑，是课堂交互性的硬件设备，这些"综合背包"也将尽量减少学生必须携带的学术工具，减轻学生负担，提高教师教学的可靠性，高校应推进这些"综合背包"在教育教学管理中的应用。

二、坚持大数据教育教学管理发展原则

高校大数据教育教学管理发展涉及制度建设、平台搭建、管理模式、人才队伍建设等，明确工作原则是其成功开展的前提和保障。高校大数据教育教学管理发展原则主要包括以人为本的原则、扬长避短的原则及疏堵结合的原则。

（一）以人为本原则

高校大数据教育教学管理具有属人的特点，不论是建设大数据教育教学管理的物理设施，还是大数据教育教学管理的软件系统开发应用，还是大数据教育教学管理的隐性文化培育，都必须坚持"以人为本"的原则。首先，平台是基础，高校应完善大数据教

育教学管理的基础设施,构建学生的物理学习空间和网络学习空间,形成线上线下相融合的立体化学习模式,这些物理设施要体现"用户至上"和"学生本位"的价值追求。其次,高校大数据教育教学管理的软件系统在开发之初,就应以最大限度地发挥人的主动性、维护人的尊严为基本标准,以人的全面、自由和个性化发展为根本目标。最后,高校大数据教育教学管理文化不是冷冰冰的数据理性,而应将人文关怀融于其中,防止人的尊严、人的价值在强大的技术理性面前被贬低、被异化。在高校大数据文化建设中,一定要避免"大数据主义"的产生,要做到规避大数据负面影响而不否定大数据正面作用,做到弘扬数据理性而不盲目崇拜数据。

(二)扬长避短原则

大数据的双重效应给我国高校教育教学管理带来了机遇,也带来了挑战。针对大数据技术的双面性,高校在制定应对规划、战略、制度时要坚持扬长避短、趋利避害的原则。发扬大数据在促进民主、平等、公正、自由的大学文化建设及科学研究方面的优势,利用大数据的及时性、动态性及互动性等优势,营造新型师生关系;利用大数据的预警性来判断教育教学管理动态趋势,做到防患于未然;利用大数据的先进性,提升教育教学管理信息的安全性,从而保护师生隐私和数据财产不受非法侵犯。当然,对于大数据可能产生的隐私泄露、人的异化及数据霸权等消极影响也要提前防范。

(三)疏堵结合原则

在文化多样性的信息时代,大数据技术也会给高校教育教学管理工作带来空前挑战,特别是西方多元价值及"普世价值",将借助大数据、网络等现代技术载体快速传播和渗透到我国高校师生中。针对西方政治、文化及思潮的入侵,我国高校要坚持疏堵结合的原则,宜疏则疏、宜堵则堵。利用大数据技术的互动性和及时性特点,对一些不良文化观念进行疏导,做到因势利导,为管理者和被管理者提供交流沟通的平台和机制,而不能简单地围追堵截。殊不知,在大数据时代,传统封堵的方式将会适得其反,最终反而会导致欲盖弥彰。但是,对于违反我国基本制度、基本国策等的错误行为和思想,必须利用大数据技术的预警性优势,做到早预防、早发现、早治理,把问题消灭在萌芽状态。

三、加强大数据教育教学管理顶层设计

顶层设计具有长远性、战略性、科学性的特点。科学的大数据发展规划(IT 发展规划)、完善的大数据发展机制(IT 发展机制)及民主的治理模式,是马里兰大学大数据教育管理成功的重要原因,这对我国高校大数据教育教学管理有着重要的启发意义。

（一）制订战略规划

高校大数据教育教学管理发展战略规划是高校在现有条件和未来条件下，如何更好地实现战略既定目标所采取的措施。我国高校要加强大数据教育教学管理发展的顶层设计，就必须制订学校大数据发展战略规划，这样才能做到胸有成竹。高校大数据教育教学管理变革是一场"自上而下"的变革，这要求我国高校管理者在制订大数据战略规划的时候，要用战略的眼光、可持续发展的原则和开放协同的思维去行动。高校大数据教育教学管理发展要以建设"绿色、节能、智能、高效"的智慧校园为目标，对利益分配、资源统筹、平台搭建、治理结构、评价激励等方面进行精心设计和规划，要突出人与技术的深度融合，体现"大技载道"的技术智慧和技术人性，要激发各方参与的积极性和主动性，最终促进高校教育教学管理质量和效益的提升。

（二）加强组织领导

专门的教育信息管理机构是必要的。2012年，教育部成立了"教育部信息化领导小组"。同年，教育部成立教育信息化专家组，用以指导全国教育信息化推进工作。2016年6月，教育部《教育信息化"十三五"规划》对教育信息化机制建设提出明确要求："在各级各类学校逐步建立教育信息化首席信息官（CIO）制度，全面统筹本单位信息化的规划与发展。要加强信息化专业队伍建设，确保各级各类学校信息化管理与服务工作得到落实。"从宏观上看，高校要将信息化、智慧化与现代大学治理紧密结合起来，促进信息技术与教育教学和服务的深度融合。高校信息化领导机构需要重新调整，信息化部门要从单一的技术管理型向技术型与管理型并重的方向转变，加强海量数据的分析利用，充分发挥其潜在价值。对此，我国当前急切需要探索首席信息官（CIO）的运行模式，统筹高校的信息化规划、系统建设、应用推广和业务协调等工作，在二级学院、单位和部门均设置专门的信息员岗位和人员，使信息化嵌入到高校的每一个单元之中，尝试推进两级信息建设（信息员制度、学院试点制）。《教育信息化"十三五"规划》明确提出，要建立"一把手"责任制，逐步建立校领导担任首席信息官（CIO）的制度，全面统筹本单位信息化规划与发展。华中师范大学校长杨宗凯在"中国高校CIO论坛"上提出"信息的核心就是利益重组与流程再造，只有确立了CIO，才能真正实现重组。"美国超过半数的大学均设有专职和首席信息官（CIO），参与制定学校战略性发展规划，为学校科学决策和科学管理提供信息服务，设计和管理学校技术服务与应用，建立信息技术与大学变革之间的桥梁。不管是独立设置的CIO，还是兼职CIO头衔，都要根据各校实际，以发挥他们在学校决策战略的"核心"作用为关键，从而使其能够影响大学决策，这样才能真正实现管理高水平和管理智慧化。一个称职的高校CIO必须具有复合能力，包括系统规划能力、信息化教学和课程改革领导能力、教师专业发展领导能力等。在工作态度上，高校CIO要积极主动，不能等待CEO来灌输发展战略、业务部门来反馈 IT 需求、下属来汇报系统问题，而是积极主动向 CEO 提供决策影响，且不断提高影响力。在工作内容上，高校 CIO 不仅要关注技术，更要关注业务。IT 的业务价值在于业务运营、业务增长、业务转型，如果不关心所在机构的整体业务目标和战略，那么就无法提出引起领导层兴趣的方案。在工作创新上，高校 CIO 要学会变革管理。总之，高校 CIO 一定要积极推动创新，不管是技术创新还是应用创新；一定要主动研究变革，不论是技术变革还是研究组织变革；一定要关注目标，不仅是 IT 目标，更重要的是高校总体发展目标。

（三）明晰发展架构

我国高校大数据教育教学管理发展必须有一个清晰的架构，才能使数据采集、管理、使用、维护等各环节衔接有序、运转顺畅，从而促进学校各项事业可持续发展。我国高校要借鉴发达国家高校大数据教育教学管理发展的经验，依据国家《教育信息化"十三五"规划》的精神，制订符合学校定位与发展实际的大数据发展规划。坚持业务导向和问题导向，坚持建设与运维并重，要提出具体明确的大数据发展战略规划目标，要在广泛调研基础上任务聚类，要提高制度建设、规划方案的科学性和可操作性，考虑全员的利益，加强需求调研的广泛参与性和透明性，让数据中心的建设效果最大化。

四、完善大数据教育教学管理制度规约

信息技术给高校教育教学管理带来的种种机遇和变革的"利"远远大于目前还未出现或者初显的"弊"。各级政府对于大数据、云计算在高校中运用的态度应包括"促进"和"规范"两个维度，一方面要通过法律法规促进高校教育资源共享平台、数据平台的建设和开放，另一方面要通过法律法规进行大数据利用和交易的规范化，从而保护个人隐私、保护数据安全。"促进"和"规约"是车之两轮、鸟之双翼，对于高校大数据教育教学管理发展而言也是如此。

（一）建立完善大数据制度体系

高校要以大数据制度的制订推动教育教学管理制度体系的整体变革，在高校大数据制度生态中，包括两类制度，一类是规范制度，一类是促进制度。近几年来，我国 85%以上的"双一流"高校都制订了校本大数据管理办法：如西安交通大学的《西安交通大学信息化数据管理办法》，对数据的管理机构和数据的产生、运维、存储、归档、使用、服务等管理过程进行了详细规定，坚持统一标准、全程管控、安全共享的原则，保证信息化数据的完整性、规范性和一致性，为学校教育管理提供高质量信息服务。《清华大学校园计算机网络信息服务管理办法》《北京大学慕课运行管理条例》《武汉大学数据

管理办法》《中山大学信息网络管理规定》《西北农林科技大学数据安全管理办法》《东北师范大学数据管理办法》《华南师范大学信息系统数据管理办法》等，都体现了高校对大数据管理规范化、科学化、安全化的共同诉求，这些制度可以算作是规范高校大数据教育管理的制度。另一类制度就是高校大数据教育管理的促进制度，包括对教师拥抱大数据技术和教育改革热情的保护、激励制度，师生实时、完整、真实而准确信息采集的鼓励制度等。目前，我国高校不论是规约制度还是激励制度都处于探索阶段，已经制定的大数据教育教学管理制度都缺乏完整性、系统性、稳定性及可持续性，表现为某一阶段的应急之策。甚至存在高校为"大数据"而"大数据"的问题，如很多高校花巨大成本开发研究生管理综合信息系统，在数据采集方面花大力气进行部署，但实际工作中这些数据的价值充其量就是增大了数据库的量，并没有起到方便学生学习和生活的目的，违背了大数据教育教学管理"高效、快捷、方便"的初衷。例如，毕业资格审查工作中，高校一般要求学生发表指定级别期刊论文，这些期刊论文又要求以扫描件形式传入网上系统，但是仍要求学生持期刊原件到办公室"验明正身"。这种现象的产生，可能的原因有三种：一是软件应用系统不"科学"、不好用；二是学校管理人员对学生缺乏信任、对软件程序缺乏信任；三是学校管理人员观念落后、思维守旧。不管是哪种原因导致的结果，最终这种行为会从一定程度上削减学生对大数据应用平台和软件系统的"好感"，这不利于高校大数据教育教学管理的可持续发展。因此，高校在制订校本大数据管理办法时，既应遵循国家法律法规，结合学校实际和地区实际，制定具有可行性和创新性的制度，又应考虑管理制度的稳定性和可持续性，在规范大数据教育教学管理行为的同时，积极促进大数据教育教学管理的变革。

（二）解决大数据建设有关争议

高校大数据管理制度主要包括采集制度、存储制度、使用制度、公布制度、审查制度、安全制度等。形成完善的制度体系是一个过程，当前高校这些制度的建立处于探索阶段，存在诸多争议：一是在采集制度方面，存在着是否告知数据生产者（拥有者），知情权与告知义务的明确规定是否必要的争议。二是在存储制度方面，存在存储期限的争议，哪些数据需要设定短期存储、哪些数据需要设定中期存储、哪些数据需要设定长期存储、哪些数据需要设定永久存储。当然，保存期限与数据的性质及存储者所评估的数据价值相关，但是主观评估价值都具有相对性，现在认为没有价值的数据也许未来是价值很大的。例如，如果按照现行规定，高考扫描后的答卷保存期为考试成绩发布后6个月，那么也就不会有某国家领导人40年前高考试卷这种珍贵档案资料的存在。三是在使用制度方面，存在着有偿使用还是无偿使用的争议。无偿使用会受到高校办学资金限制，但是有偿使用则有悖教育的公益性，也阻碍数据的流转、传播与价值放大。四是在公布制度方面，存在着原始数据之争、安全之争、质量之争、价值之争、虚实之争。

五是在审查制度方面，存在业务部门审查还是技术部门审查或是第三方审查的争议。数据采集存储部门审查发布，则对数据质量不能保证，第三方审查或技术部门审查，因对业务不熟悉，只能从宏观或技术层面进行查错。六是在数据安全制度方面，存在究竟人防和技防哪个更可靠的争议，其实要做到"人防"与"技防"相结合。高校必须高度重视这些大数据制度争议，并努力予以解决，否则高校大数据相关制度的制订将无从下手。高校制订数据安全管理办法的核心内容应包括：建立数据安全管理的部门架构；建立数据资源的保密制度、风险评估制度；采用安全可信的产品和服务，提升基础设施关键设备安全可靠水平；采用数据隔离、数据加密、第三方实名认证、数据迁移、安全清除、完整备份、时限恢复、行为审计、外围防护等多种安全技术手段等。

（三）加快制订大数据相关标准

国务院印发的《国家教育事业发展"十三五"规划》（国发〔2017〕4号）要求："广泛应用区域教育云等模式,积极推动各级各类学校建设基于统一数据标准的信息管理平台,实现各类数据伴随式收集和集成化管理,形成支撑教育教学和管理的教育云服务体系。"数据的价值是通过数据共享来实现的，但是高校教育教学管理大数据的异质性给数据共享带来了挑战。因此，需要鼓励提高智慧教育设备的高互操作性、源数据和接口及标准的可共享性，从而提高数据的可访问性，实现价值增值。《教育管理信息 教育管理基础代码》（JY/T 1001-2012）等七项教育信息化行业标准，为高校教育教学管理大数据标准的制订提供了指导和参考。目前，高校之间、高校内部都普遍存在数据不兼容、不统一、无法共享的问题。高校大数据标准制订的前提是遵循国家标准和行业标准，即国家大数据标准和教育行业标准，这样才能既保证高校内部各类数据之间的统一和共享，又能实现与学校外部各类教育数据之间的集成与共享。高校数据标准应具有可行性、适用性和延展性：可行性和适用性的要求可以保证大数据标准从高校业务实际出发，具有切实可用的价值；同时，高校又要立足长远的教育变革，使数据标准具有延展性。另外，高校在选择大数据技术合作伙伴时，不仅要顾及其技术能力及业务领域的成熟度，同时还要考虑技术方案与现有数据及标准的兼容性。特别是学校内部或高校之间的资源采取标准接口和协议，并对异构的、动态变化的教学资源进行整合，这是建立共享机制的基础。虽然高校数据标准应根据国家数据标准进行，但是在国家教育教学管理大数据标准出台之前，高校不能消极等待，而是应该积极主动组织教育管理大数据方面的专家和业内人士进行提前谋划与研制。

五、促进大数据教育教学管理协同发展

凡是成功的大数据教育教学管理案例，无一不是多部门单位协同的产物。麻省理工

学院秉持"卓越、创新和领导才能"的价值追求，坚持"提升知识、传授科学和其他领域的知识，使 21 世纪国家和世界变得更美好"的办学目标，自 2001 年开始，实施开放课程计划 OCW（Open Course Ware），这个计划延续了美国高等教育分享的理念，其追求开放的、优质的、可方便获取的教育资源最大化。麻省理工学院也是开放教育和网上教育的先行者，其 OCW 行动对世界教育产生了深远的影响。OCW 的成功是多方合作的结果，OCW 具有良好的合作机制，其合作伙伴包括赞助基金会，学院赞助人——1964 年的毕业生乔纳森·格鲁伯，内容伙伴包含超过 720 个来自拉丁美洲、西班牙等国家的高校的共同组织；中国高校所组成的联盟（Chinese Open Resources for Education, CORE）成员计划未来 5 年将 OCW 课程中文版免费且开放地提供给中国教育学者。这种多方合作的机制帮助和促进了麻省理工学院开放课程行动能够集合多方的优势资源，包括项目基金会的运行、项目评估的支持以及厂商合作的支持。这种多方合作的机制集合了多方的优势资源，共同支持了该项目的成功实施和大规模推广。我国高校大数据教育教学管理建设也要协同政府、企业、高校及研究机构的力量，共同促进高校教育教学管理的智慧转型。

（一）政府宏观引导

在高校大数据教育教学管理协同机制中，政府主要在政策法律法规、资金投入、协同科研、标准制订、考核评估和宣传奖励等方面发挥宏观指导作用。首先，国家要加大相关立法和标准制订。促进高校大数据教育的法律法规包括两类：一类是规范法律，另一类是促进法律。高校大数据教育教学管理生态系统中的关键因素当属隐私、安全和道德问题，对于隐私的保护、安全的保障和所有权的澄清是大数据技术应用不能回避的挑战，必须正视且合理解决，以促进大数据技术的正确合乎人伦地使用而不被误用、错用，促进其工具理性与价值理性的统一。目前，我国高校促进网络学习的考试制度、诚信制度、评价制度也还是空白，需尽快出台。普通教育与职业教育和继续教育的沟通有赖于终身学习成果认证体系及学分累计及转化制度的建立。对于诚信问题的解决，可以借鉴课程时代（Coursera）依靠网上监考技术、凭借打字节奏判断学习者是否本人的方法，也可以借鉴美国教育测验服务社 ETS（Educational Testing Service）托福在线考试的改革方式，联盟高校相互设置考点，学生就近机考。要完善大数据制度规约，寻找发挥高校大数据价值、规避大数据技术风险之道。一是我国政府要建立健全数据的采集、审查、公布、存储、使用、保护制度，平衡管理创新与隐私保护、数据规范与自由发展。二是我国政府要加大对高校教育教学管理大数据技术研发的资金投入，重点在人工智能、实时处理海量数据及数据可视化分析及应用方面。三是我国政府要改进购买、使用和审核的分离，提升"信息化建设项目"的可持续性；坚持集约化，提升投资绩效；推动机制创新，推动信息技术与高校教育教学深度融合。四是我国政府要实施智慧教育重大应用示范工程。

（二）社会积极参与

高校大数据教育教学管理发展离不开社会力量的参与，高校要与企业协同，发挥各自优势，共同研发教育教学管理大数据技术和培养大数据人才。我国高校要加强与企业合作，结合本国、地区及学校的实际，联手打造具有本土特色的智慧教育方案，建立高校大数据技术与安全保障体系，以技术、方案、服务和运营推动教育服务市场发展。同时，高校自身也应利用自身对教育教学管理业务熟悉的优势，依托学科、专业，结合教学实际，研发相关大数据产品。另外，还要借助社会力量促进高校教育大数据技术成果的推广和应用。目前，我国规模最大、最权威和最具影响力的教育成果展是中国国际智慧教育展览会（Smart Show），从2014年开始在北京举行，是我国首个专注教育信息化的展览会，旨在促进信息技术领域与教育教学领域融通，集合依托政府保障、传达权威学术、专业化商业运作的实力化展现方式打通教育信息化发展的"最后一公里"。展览会着眼为智慧教育提供一体化、一站式的解决方案，更加注重为学校设计整体性的系统平台。展览会定位高大上，产品代表前沿和发展方向，但是观众多是"心动"，离付出行动还有一段距离，原因是多方面的。同时，全国各地不同规模、不同类型的智慧教育展览会举行得并不多，少数省区有相关展会，但也局限于小范围交流。因此，寻找阻碍智慧教育方案推广的原因，推动方案落地，政府、高校和企业还需要付出更多。

（三）开展国际合作

我国高校教育教学管理必须抢抓机遇、博采众长、知己知彼，方能实现跨越发展。国外发达国家在教育、经济、科技、人才及国家综合实力上具有先天优势，这使他们抢得了大数据教育教学管理发展的先机，并积累了一定的经验，这对我国高校大数据教育教学管理具有重要的借鉴价值。美国使大数据在商业领域发挥了"点石成金"的魔力，也是首个将大数据上升为国家战略的国家，同时也是最早启动培养面向未来的大数据人才的国家。斯坦福大学、伯克利加州大学及迪肯大学等大学都开设了诸如机器学习等全新的、为培养下一代的"数据科学家"的相关课程。除此之外，韩国、新加坡、日本、加拿大、欧盟及以色列等国家和地区的智慧教育已取得初步成效。因此，我国高校要建立国际交流与合作平台及机制，避免走错路、走弯路，促进走对路、少走路、大超越。首先，我国高校要加强在大数据教育教学管理技术方面与国外高水平高校的合作，增强我国大数据关键技术、重要产品的研发力，拥有技术主权，避免技术垄断与殖民。其次，我国高校还要加强在学科建设及人才培养等方面与国外的交流与合作。再次，我国高校还要坚持网络主权原则，积极参与数据安全、数据跨境流动等国际规则体系建设，促进开放合作，构建良好秩序。最后，高校教育教学管理的变革是一项系统工程，牵一发而动全身，面对全球智慧教育的发展潮流，必须保持理性，既不能跟风，也不能坐失机遇。

国际上的智慧教育方案大都处于边研究、边实践、边应用的阶段，企业开发的产品基本上都是第一代，虽然体现了智慧教育的愿景，但是还不具备大面积推广的价值，我国高校大数据教育教学管理方案也存在这些问题，这也是我国智慧教育展为何仅是"秀"的韵味更多一些的另一原因。总而言之，我国高校在学习借鉴国外高校大数据教育教学管理成功经验的同时，要用批判的眼光和战略的思维，提出适合国情、能够解决实际问题的本土智慧教育方案。

六、创新大数据教育教学管理分享机制

高校教育教学管理数据资源开放程度越高，产生的价值则越大，没有共享和开放的数据，只能是一堆没有生命和意义的数字。高校教育教学管理公共数据资源统一开放的程度包括低、中、高三个程度，高校公共数据资源低程度统一开放仅限于部门内部，中等程度公共数据资源统一开放限于地区，而全国统一开放的高校教育教学管理数据库则是高程度的，当然更高程度的统一开放是面向全球，从而达到人类知识信息共享。

（一）采取分步实施、逐步推进的方式

公共数据服务正成为未来新兴产业，逐渐走向集成、动态、主动和精细的发展阶段，但是在数据公开方面，引导潮流的很难是个人或企业。如同《三体》中的"黑暗森林法则"："宇宙就是一座黑暗森林，每个文明都是带枪的猎人……竭力不让脚步发出一点儿声音，连呼吸都必须小心翼翼……在这片森林中，他人就是地狱，就是永恒的威胁，任何暴露自己存在的生命都将很快被消灭。这就是宇宙文明的图景，这就是对费米悖论的解释。"显然，代表公共利益的政府应是数据开放潮流的引领者和规则制订者。制订公共机构数据开放计划，要形成跨部门数据资源共享共用格局；建成国家政府数据统一开放平台，率先在信用、交通、医疗、教育、科技等重要领域实现公共数据资源合理适度向社会开放；逐步实现信用、交通、医疗、卫生、就业、教育等民生保障服务相关领域的政府数据向社会开放。开放共享是大数据价值的生命线，高校作为社会思潮和先进文化的创造者和传播者，思想开放、兼容并包是应有的品质，构建高校资源开放共享机制成为必然。但是目前高校开放和共享意识还不够，除了部分"双一流"高校尝试资源共享、学分互认外，高校"马赛克"现象还比较严重。诚如贺铿院士所言：一些部门和机构拥有大量数据，但以邻为壑，宁可荒废也不愿意提供给其他部门使用，导致数据不完整或者重复投资，浪费了大量人力、物力、财力。大数据时代已经来临，我国需要共享精神。我国高校大数据共享机制的建立也可以采取分步实施、逐步推进的方式，可以考虑以立法的形式，在保证数据安全的前提下，先强制后自觉，逐步冲破部门、学科、专业、行业、领域等之间的藩篱，不断推进高校教育教学管理大数据实现更高程度开放、

共享和应用。

（二）建立利益共享的激励机制

高校大数据教育教学管理发展是一项系统工程，需要建立多方参与、无缝对接的合作共同体。推进高校大数据教育教学管理面临的阻力有很多，包括资金、技术、人才及体制机制等，其中体制机制是关键，利益共享是各方密切合作的动力。这个合作共同体也是一个利益共同体，不同的利益诉求、相同的求解方式，将多方联结在一起，所以说，建立健全利益共享机制具有"射人先射马"的战略意义。例如，在国内大部分高校的开放课程建设投资中，占比较多的是政府和高校投资，社会公益投资很少，大数据教育教学管理的成本分担机制没有形成。要构建多方融资的渠道，就必须有合作方各自利益点的发掘。有些高校已经尝试实行学分互认，为了长期可持续合作的需要，建议可以尝试推行完全学分制，或者在目前不完全学分制的基础上，对各门课程学分估价，对于依托合作高校在线课程修满的学分，可以给合作高校适当费用补偿。另外，建议建立科研数据的分级共享机制，对于造福全人类的科研数据建议建立数据开放共享的激励机制。国家在宏观政策的引导下，对于致力于推进知识传播、文化发展和社会进步的慕课资源进行经费补偿；设立智慧教育进步奖，对于推进大数据教育教学管理的相关教师及管理者进行表彰奖励；甚至鼓励学校内部实行教师职称评聘等制度改革，对大数据教育教学管理相关奖励予以肯定和倾斜；在国家高等教育教学成果奖的评选导向上，建议将高校大数据教育教学管理作为未来教学成果奖评选的重点内容之一。

七、构建大数据教育教学管理评价体系

教育数据"资产"无疑是智慧教育构建的基石，只有建立科学的评价机制，才能推动从数据采集到数据利用"一体化"发展，实现智慧教育的良性循环发展。ACU、OCW无一例外给予评估活动高度重视，在制度、资金及专家、人员等方面给予保障，这带给我们诸多思考。

（一）建立完善评价体系

OCW 在组织架构上，将评估咨询委员会作为 MIT 院长办公室下面重要的一级机构，其建立了一个专门的评估团队，设计一个集项目评估和过程评估于一体的评估体系，并分别制定了评估档案。项目评估侧重评估课程的访问情况、使用情况和影响情况；过程评估考察 OCW 实施过程，评估其工作效率和效果。项目评估与过程评估体系相结合的方式，有助于评估团队全方位了解项目的实施和进展情况，以便制定相应的改善措施。另外，ACU 也高度重视评估工作，对移动学习项目进行持续的监测和评估，每年

都会发布移动学习报告,为学校下一步科学决策提供依据。我国高校应加强督导,形成对高校大数据教育教学管理的评价机制和反馈机制。要加强大数据教育教学管理评价体系的顶层设计。应将大数据基础设施和制度建设作为高校的基本办学条件之一,作为一个高校是否达到现代化的重要观测点,纳入到学校的基本评价指标体系之中。同时,建立高校大数据教育教学管理建设和实施过程中各个环节的具体评价体系,做到"无事不规划、无事不评价、无事不反馈"。高校大数据教育教学管理建设指标体系的设计要突出教学的中心地位,坚持效果评价与过程评价相结合的原则。

(二)建立完善评价方式

我国高校在大数据教育教学管理中,也要重视各种规划或工作的实施情况,进行阶段性和总结性评估,评估其实施状况与实施效果,是否达到了最终的目标。我国高校要建立量化督导评估和第三方评测,将督导评估结果作为相关人员奖励和问责的依据,以提升学校发展教育信息化的效率、效果和效益。我国高校在大数据教育教学管理建设中既要关注整个数据治理的全流程管理,又要关注数据分析和利用的效果评估,通过对高校数据采集、数据全流程管理、数据质量、数据治理能力、数据利用等各个环节的项目评估、过程评估和效果评估,促进高校大数据教育教学管理各个环节的改进。当然,这是一个长期的持续优化和迭代的过程。

八、强化大数据教育教学管理师资培养

人,是第一位的生产要素。马克思说:"在一切生产工具中,最强大的一种生产力是革命阶级本身。""历史什么事情也没有做,它'并不拥有任何无穷无尽的丰富性',它并'没有在任何战斗中作战'!创造这一切、拥有这一切并为这一切而斗争的,不是'历史',而正是人,现实的、活生生的人。"加强专业人才培养,建立健全多层次、多类型的大数据人才培养体系,是未来中国大数据战略的重要人力资源支撑。因此,要创新人才培养模式,建立健全多层次、多类型的大数据人才培养体系。由于信息化的技术特征决定了人才投入是更具决定性的因素。大数据治理的核心是人,人既是大数据技术价值追求者,又是大数据隐私的主体和捍卫者。专门的工作队伍建设是高校大数据教育教学管理发展的重要人力资源保障,高校大数据人才应当是"技术背景+管理教学专家"的双重身份。然而,目前我国高校大数据人才的现状是,教师数据素养普遍不高,对新媒体技术重要性认识不足及技术运用能力较低。我国高校大数据师资队伍建设可以从以下几个方面着手:

（一）改革培训体系

教师是大数据时代"更加成熟的学习者"，教师和学生之间是相互协作的关系。高校在大数据人才培养方面具有特殊使命，不仅要培养数字公民，对教育者自身的信息技术能力也要求很高。大数据时代教师角色发生了巨大转变：由传统的"知识占有者"向"学习活动组织者"转变，由传统的"知识传授者"向"学习的引导者"转变，由"课程的执行者"向"课程的开发者"转变，由"教教材"向"用教材"转变，由"教书匠"向"教育研究者"转变，由"知识固守者"向"终身学习者"转变。大数据时代，高校教师的信息素养包括对信息的收集和处理能力及运用信息技术进行专业教学和提升的能力。我国高校应建立并完善教师专业发展培训课程体系，重新设计教师职前培训项目，将原有的一节技术课程转变为可以使教师深入运用技术的教师职前培训课程。要改革职后培训项目，使其内容紧跟时代潮流及教育改革潮流，能够与时俱进反映学生发展的根本需求。教师职前培训课程体系建议设置"基础课+专题课+核心课题+自选课"的课程模块。另外，课程体系也不应是千篇一律的，而应根据不同的培训对象采取不同的方案，差异化的培训课程和教材，才能更加有效提高全体教师的大数据素养。不同对象不同时期培训内容也是灵活变化的，这一切都应根据培训对象的需求决定。对于职后教师的培训而言，需要学校根据教育管理工作的需要和教师的特点进行，要采取个性化的培训方式，即"按需培训""多元培训"及"个性化培训"。

（二）创新培训方式

对高校教师的培训，从内容上来讲，不仅包括大数据技术，更包括大数据理念、大数据思维。主要授课方式包括三种模式：人—机交流、机—机交流和人—人交流。在互联网、大数据技术背景下，高校教师必须具备基本的信息素养和大数据素养，熟练掌握并运用新技术促进教学革新。在人与人交流模式中，合作、体验的特点得到彰显；在模块化的学习中，创新的思维得到彰显。对高校教师大数据素养的培训不能期望一门信息技术教育基础课程就能够"包治百病"，要将信息技术能力培养与课程、具体准备项目相融合。实施教师准备项目，确保教师按照有意义的方式掌握技术使用。模拟如何选择和使用恰当的 App 工具为学习提供支持，并能评价这些工具的安全性和有用性。高校要在培训中贯穿自主、交互、探究、体验式的学习活动，充分利用网络平台开展研讨和交流，让教师体验新的学习方式，让他们日后将所学运用于自己的教学中。

（三）协同多元力量

高校教师大数据素养培训主体有三种：一是教育行政主管部门，二是信息技术提供商，三是高校。要建立协同机制，充分利用社会资源，加强对高校教师大数据能力的培养。高校可依托政府培训项目，遴选教师参与培训，建立大数据人才库；与大数据技术公司、大数据应用公司及大数据培训公司等企业合作，如数据堂（北京）科技股份有限公司、腾云天下科技有限公司、华为科技有限公司、阿里巴巴、百度、尚观大数据教育培训机构等，不断提高教师信息技术使用能力、大数据分析能力及教育教学改革创新能力。或者在国内设立培训基地，建设试点高校，充分发挥其对其他高校教师发展的辐射和示范作用。同时，也要加强国际合作。可以与美国、英国、韩国、日本等智慧教育领先国家加强合作，双方互派培训人员，相互学习、相互借鉴，从而推进我国高校教师大数据素养不断提升。当然，高校除了提升教师的大数据素养，还应提升学生的大数据素养。高校教育教学活动是师生共同参与的活动，具有"双主体"的特点，任何一方的大数据素养不高都会影响大数据教育教学管理的顺利进行。正如学者所说，智慧教育是以一种"人机协同工作系统"，人和技术协同作用而构成的教育系统，人是技术的主宰。要让教师和学生能够善于应用技术、与技术协同进行教与学，进而提升教与学的品质。

参考文献

[1]李卫娜.当代高校教育教学管理理论与实践[J].食品研究与开发,2023,44(08):238.

[2]吴晓赟.素质教育在高校教育教学管理体系中的应用探析——评《高校教学管理理论与实践》[J].热带作物学报,2021,42(09):2798.

[3]李德华,陈献宁.实践教学管理模式的创新对于高校思政教育的影响——评《高校思想政治理论课实践教学创新研究》[J].高教探索,2019,(01):133.

[4]梁晶晶.教学管理模式反思及构建对高校思政教育的影响——评《思想政治教育:反思与构建》[J].人民长江,2020,51(08):223.

[5]邱浩.新形势下高校继续教育教学档案管理优化策略研究[J].创新创业理论研究与实践,2021,4(20):154-156.

[6]杜红梅.高校教育管理的方法研究教学方法及理论[M].长春:吉林出版集团股份有限公司,2022.

[7]张志超.现代高等教育教学管理的思考——评《知与行——高等教育教学管理探索与实践论集》[J].化学教育(中英文),2019,40(12):97.

[8]孙会荟.翻转课堂模式在高等教育教学管理中的应用[J].黑龙江教育:理论与实践,2021,(11):73-75.

[9]张铮.实践教学管理模式创新对高校思政教育的影响[J].现代教育论坛,2021,4(9):32-33.

[10]姚丹.实践育人理论的应用型高校教学管理体制研究[J].江西电力职业技术学院学报,2019,32(01):129-130.

[11]吕益妮.高校教务员提高教务教学管理工作效率的策略探讨[J].新一代:理论版,2020,(05):22-22.

[12]陈传林.高等医学院校创新型教学管理队伍建设的理论与实践意义[J].锦州医科大学学报(社会科学版),2021,19(04):37-41.

[13]张唐梁.高校教育教学管理理论与实践——评《现代教育理念下的高校教育教学管理研究》[J].中国教育学刊,2022,(10):118.

[14]吴屹,唐洁.组织行为学视野下的高校教育教学评价管理探究——评《组织行为

学》[J].科技管理研究，2020，40（10）：253.

[15]陈英华.心理健康教育融入高校教学管理工作的策略[J].理论观察，2022，(04)：168-170.

[16]庹展敏.学校体育教育管理与教学模式探究——评《中国学校体育基本理论研究》[J].中国学校卫生，2021，42（11）：1764.

[17]荣霁.当代高校体育教育管理原理与模式创新——评《当代体育教育学与管理研究》[J].中国教育学刊，2021，（03）：120.

[18]杨春林.创新创业教育视角下高校终身教育师资队伍建设探索——评《高等学校管理新视野——基于师资队伍建设与本科教学质量管理研究》[J].教育理论与实践，2020，40（15）：65.

[19]冯玉香，窦衍钊.高等教育信息化对教学管理改革的推动探究——评《素质教育背景下高校教学管理制度改革的研究》[J].科技管理研究，2020，40（09）：256.

[20]张璇.基于人本化理念的高校教育教学管理策略[J].进展：科学视界，2022，(9)：48-49.

[21]陈绮维.基于教育心理学的高校教学管理改革[J].中学政治教学参考，2021，（29）：82.

[22]宫宇强，谭博.素质教育背景下高校教学管理效率提升策略研究[J].吉林省教育学院学报，2022，38（07）：41-44.

[23]袁德栋.实践教学管理模式的创新对于高校思政教育的影响——评《高校思想政治理论课实践教学创新研究》[J].领导科学，2019，（1）：127.

[24]韩雪梅.论教育信息化发展中高校教学管理信息化建设[J].当代教育实践与教学研究，2020，（1）：30-31.

[25]徐冰.就业观视域下高校教育教学管理发展趋势研究[J].黑河学院学报，2019，10（8）：114-115+120.

[26]余群，缪伟伟.现代教育技术在高校教学管理中应用的现状与对策[J].新教育时代电子杂志，2021，（35）：64-65.

[27]刘少东.高校创新能力培养目标下的教育教学管理[J].科学大众：科学教育，2019，（05）：138.

[28]李志杰，李育红.以人为本推进高校教育教学管理创新[J].现代交际，2019，(15)：178-179.

[29]汪雪玲.创新本科教学管理促进本科教育改革——评《高校本科教育教学管理研究与进展》[J].新闻爱好者，2019，（11）：99-100.

[30]王淑敏.浅析高等教育信息化对教学管理改革的推动作用[J].创新创业理论研究与实践，2020，3（14）：143-144.

[31]蔡伦.高校计算机教育教学管理模式创新与实践[J].丝路视野，2020，（34）：50.

[32]邱雪林.高校工商管理教育教学创新模式——评《工商管理学》[J].中国高校科技，2019，（08）：99.

[33]杨乔.当代体育教育学与管理研究——评《新时期体育教育理论与实践新探》[J].教育发展研究，2020，40（06）：2.

[34]刘峰.宏观教育理念下的体育教学管理策略研究[J].中文科技期刊数据库（全文版）教育科学，2022，（12）：3.

[35]胡俊梅.研究生教育管理相关理论研究[J].科研管理，2022，43（11）：209.

[36]谢宝清.高校英语教育教学的多元化发展研究——评《高校英语教育教学理论与实践研究》[J].科技管理研究，2022，42（04）：246.

[37]胡伟.以人为本的教育理念在高校体育教学中的应用实践——评《新时代高校体育教学理论解析与模式创新研究》[J].科技管理研究，2022，42（09）：242.

[38]樊利利.基于互联网的大学生思想政治多媒体教育探讨——评《"互联网+"高校思想政治理论教育教学研究》[J].科技管理研究，2021，41（04）：219.

[39]李英华.实践教学管理模式的创新对于高校思想政治教育的影响[J].食品研究与开发，2020，41（24）：287.

[40]张礼敏.浅谈构建网络化的成人教育教学管理[J].新一代：理论版，2021，（04）：131-132.

[41]陈波.中外比较视域下高校思想政治教育的国外经验借鉴研究——评《新时代高校思想政治理论课教学改革与创新》[J].科技管理研究，2021，41（13）：240.

[42]耿银贵.高校体育教学中融入人文精神的有效途径探索——评《人文精神视阈下高校体育教学模式的理论构建》[J].科技管理研究，2022，42（01）：226.

[43]胡景乾，方昕.基于"全面质量管理"理论的高校教学质量文化建设研究[J].教育探索，2021，（1）：44-47.

[44]符妮娜.学生管理理论下的思政教育探索——评《新时代大学生管理工作的探索与实践路径》[J].中国党政干部论坛，2020，（12）：101.

[45]杨杨.现代学校体育教学管理及教法探究——评《体育教学理论问题与案例》[J].中国学校卫生，2019，40（04）：641.

[46]储信炜.激励理论在高校教育管理工作中的应用[J].新课程教学：电子版，2022，（09）：183-184.

[47]徐光明."分层教学"理论下高校体育教育改革研究[J].广西政法管理干部学院学报，2019，34（02）：126-128.

[48]靳于谦.基于人本主义管理理论的高校课堂管理[J].教育教学论坛，2022，（01）：144-147.

[49]谢慧婷.高校思想政治理论课教学管理信息化评估与评价体系研究[J].佳木斯教育学院学报，2021，37（06）：25-26.

[50]邱兴波，郭进超，武亮.协同理论下应用型高校本科实践教学信息化管理机制优化研究[J].中国教育信息化，2021，（17）：71-75.

[51]庞姝瑜.基于TQM理论高校学生党员教育管理模式探究[J].进展：教学与科研，2021，（10）：9-10.

[52]赵玲玲.基于现代理论改革高校教学管理制度研究[J].教育教学论坛，2019，（42）：12-13.

[53]王涛.新时期高校教育管理模式探析[J].科教文汇（上旬刊），2020，（25）：1-3.

[54]江春."以学生为中心"的高校教学管理模式探讨[J].黑龙江教育：理论与实践，2019，（12）：21-22.